청각장애인과 AI

AI문고

인공지능 시대입니다. 기계가 인간의 인지를 대신하고, 사물이 인간을 통하지 않고 다른 사물과 직접 커뮤니케이션합니다. 이에 따른 인간 삶과 문명 변화를 정확히 이해·예측·대응하는 것은 이 시대 우리 모두의 과제입니다. AI문고는 인공지능 기술과 환경의 여러 주제를 10가지 키워드로 정리합니다. 관련 개념과 이론, 학계와 산업계의 쟁점, 우리 일상의 변화를 다룹니다. 인간과 기술의 현재, 미래를 세심히 분석합니다.

일러두기

- 인명, 작품명, 저서명, 개념어 등은 한글과 함께 괄호 안에 해당 국가의 원어를 병기했습니다.
- 외래어 표기는 현행 어문규정의 외래어표기법을 따랐습니다.

처음이세요?

전문가세요?

청각장애인과 AI

이경희

대한민국, 서울, 커뮤니케이션북스, 2025

청각장애인과 AI

지은이 이경희
펴낸이 박영률

초판 1쇄 펴낸날 2025년 6월 20일

커뮤니케이션북스(주)
출판 등록 2007년 8월 17일 제313-2007-000166호
02880 서울시 성북구 성북로 5-11
전화(02) 7474 001, 팩스(02) 736 5047
commbooks@commbooks.com
www.commbooks.com

ISBN 979-11-430-0386-7 03500

책값은 뒤표지에 표시되어 있습니다.

차례

소리를 넘어, 연결을 향해 xi

01 청각장애와 기술 발전 1

02 AI 기반 보조 기술 13

03 실시간 음성 변환 기술 23

04 수화 인식과 번역 기술 33

05 청각장애인을 위한 교육 혁신 43

06 의료 기술과 청각 보조 장치 53

07 사회적 포용과 접근성 향상 65

08 데이터 수집과 윤리적 과제 75

09 청각장애인을 위한 AI 정책 89

10 미래 전망과 도전 과제 103

소리를 넘어, 연결을 향해

합리적 에이전트의 등장

인공지능(AI)은 오랜 기간 대중과 학계에서 끊임없이 오해와 과장을 낳아 왔다. 기술적 성취가 이루어질 때마다 인공지능이라는 개념은 기존 영역을 벗어나 새로운 도전과 과제로 재정의되는 패러독스를 드러낸다. 연구자들은 이러한 과정에서 오해를 바로잡고, 합리적 · 과학적 분석을 통해 기술을 발전시켜 왔다.

초기에는 튜링 테스트와 같이 인간과의 유사성을 기준으로 인공지능을 평가하려는 시도가 주를 이루었으나(Turing, 1950), 시간이 흐르면서 '합리적 에이전트' 개념이 등장하며 AI 연구의 패러다임이 변화했다. 인공지능이 단순히 인간을 닮은 기계를 만드는 것이 아니라 주어진 제약 조건 내에서 최적의 결과를 도출하는 시스템을 구축하는 것이 중요해졌다. 내비게이션, 자동 번역, 산업 자동화 등 다양한 분야에서 AI가 현실 문제 해결을 위한 필수적인 도구로 자리 잡고 있다(Russell & Norvig, 2016).

AI가 발전하면서 인간의 사고방식과 행동을 단순히 흉내 내는 것이 아니라 최적의 의사 결정을 수행하는 능력을 갖추는 것이 핵심 과제로 떠올랐다. 기존의 전통적인 규칙 기반 AI에서 벗어나 데이터 중심의 기계 학습과 딥러닝 기술이 결합하면서 AI의 학습 능력과 실행력이 비약적으로 발전했다. 딥러닝이란 사람의 뇌 신경망을 모방한 인공신경망을 통해 데이터를 반복 학습하고 패턴을 스스로 인식하는 AI 핵심 기술로 음성 인식, 이미지 분석, 번역 등 다양한 분야에 활용된다. 이제 AI는 단순히 주어진 문제를 해결하는 도구가 아니라, 환경을 인식하고 학습하며 자율적으로 적응하는 존재로 자리 잡고 있다(Goodfellow et al., 2016).

이러한 변화는 청각장애인을 위한 기술 발전에도 중요한 의미가 있다. AI가 단순히 소리를 증폭하거나 자막을 제공하는 수준을 넘어 사용자의 의도를 분석하고 더욱 자연스러운 소통을 지원하는 형태로 발전하고 있다. 실시간 음성 변환 기술과 스마트 보청기는 음성의 맥락을 파악하고 사용자 환경을 분석해 더욱 정교한 지원을 제공할 수 있다. 이러한 기술은 교육, 직장, 일상생활에서 청각장애인의 의사소통을 획기적으로 개선하는 데 기여하고 있다.

AI 기술이 단순히 개인의 편의를 넘어 사회적 포용성을 높이는 데 중요한 역할을 한다는 점에서 AI의 활용 방식은 단순한 기술적 발전을 넘어 보다 넓은 시야에서 논의되어야 한다. 기술이 인간의 삶을 보다 나은 방향으로 변화시키기 위해서는 사회적 가치와 윤리적 고려가 반드시 동반되어야 한다.

AI와 인간이 함께 만드는 새로운 변화

AI는 단순한 도구가 아니라 인간과 상호작용하며 사회 구조를 변화시키는 중요한 매개체로 작용하고 있다. 특히 장애인과 같은 사회적 약자에게 AI는 삶의 질을 향상하는 핵심적인 기술로 자리 잡고 있다. 청각장애인을 위한 AI 기술은 보조 기기의 개념을 넘어, 비장애인과의 소통을 더욱 원활하게 만드는 데 기여해야 한다.

청각장애인을 위한 AI 기술은 다양한 분야에서 실질적인 변화를 불러오고 있다. 실시간 음성 변환 기술은 강의실, 공공장소, 온라인 플랫폼에서 정보 접근성을 크게 향상시키고 있으며, AI 기반 수화 인식 및 번역 기술은 청각장애인과 비장애인 간의 소통 장벽을 낮추는 데 기여하고 있다. 스마트 보청기와 인공와우는 단순한 소리 증폭 기능을 넘어 사용자의 환경을 학습하고 적응하는 맞춤형 기능을 제공하며 AI를 활용해 주변 소음을 줄이고 말소리를 더 선명하게 전달하는 방식으로 발전하고 있다.

AI 기술이 청각장애인의 정보 접근성을 획기적으로 높이고 있지만, 여전히 해결해야 할 과제가 많다. 특히 기술이 발전함에 따라 사회적 격차가 발생하는 문제를 방지하기 위해 공공기관과 민간 기업이 협력해 보다 포용적인 기술 정책을 마련해야 한다. AI 기술이 특정 계층만을 위한 것이 아니라 누구나 접근할 수 있는 보편적 도구로 자리 잡기 위해서는 가격 접근성, 기술 교육, 공공 인프라 확대와 같은 요소들이 함께 고려되어야 한다.

기술이 사회적 포용을 실현하는 도구가 되려면 단순히 개인의 편리함을 위한 것이 아니라 사회 전체의 발전을 목표로 해야 한다. AI 기반 보조 기술이 대중적으로 보급되려면 경제적 접근성이 필수적이며 이를 위해 공공 부문에서 적극적인 지원이 이루어져야 한다. 또한 기업은 사회적 책임을 인식하고 기술을 폭넓은 계층에 제공할 방법을 모색해야 한다. 이를 통해 AI 기술이 특정 계층만의 전유물이 아니라 모두가 활용할 수 있는 공공재로 자리 잡을 수 있도록 해야 한다.

AI 기술의 발전이 사회적 포용성을 강화하는 방향으

로 이루어지기 위해서는 사용자 친화적인 설계도 중요하다. 청각장애인을 위한 AI 기술은 단순한 기능 제공에서 벗어나, 사용자의 다양한 요구와 환경을 고려한 맞춤형 접근이 필요하다. AI 기반 음성 변환 기술이 단순히 텍스트 변환만 제공하는 것이 아니라 사용자 개개인의 언어 사용 패턴을 학습해 보다 자연스러운 의사소통이 가능하도록 개선되는 것이 중요하다. 다양한 연령대와 문화적 배경을 고려한 다국어 및 지역화 지원도 필수적이다.

AI와 인간이 협력하는 과정에서 중요한 것은 AI가 단순한 기술적 지원을 하는 데 그치는 것이 아니라 인간 중심의 사회를 더욱 풍요롭게 만드는 방향으로 나아가야 한다는 점이다. 그러기 위해서는 AI 개발자뿐만 아니라 정책 입안자, 교육자, 연구자 들이 협력해 AI가 사회적 포용성을 강화하는 방식으로 설계되고 활용될 수 있도록 노력해야 한다. AI는 인간과의 상호작용을 통해 성장하며, 결국 인간을 돕기 위한 도구로 기능해야 한다. 따라서 AI가 청각장애인을 비롯한 모든 사용자의 요구를 반영할 수 있도록 지속적인 연구와 피드백 수집이 필요하다.

더 나아가 AI가 보조 역할을 할 뿐만 아니라 청각장애인의 생활 전반을 지원하는 방향으로 발전해야 한다. 스마트 기기와의 연계를 통해 AI는 실시간으로 사용자의 필요를 파악하고 다양한 맥락에서 최적화된 솔루션을 제공할 수 있다. 스마트 보청기와 스마트폰이 연동되어 실내와 실외 환경에 따라 자동으로 음성을 조정하거나, 공공장소에서 AI가 실시간으로 소음 수준을 분석해 최적의 청취 환경을 조성하는 기술이 도입될 수 있다.

AI 기술이 청각장애인의 삶을 근본적으로 변화시키기 위해서는 단순한 혁신을 넘어 사회 전체의 협력이 필요하다. 공공과 민간 부문이 협력해 기술 접근성을 높이고, 교육과 지원 시스템을 강화하며, 지속적인 기술 발전을 통해 더욱 포용적인 사회를 만들어 가야 한다. AI는 인간의 삶을 더욱 풍요롭게 만들 수 있는 도구이며, 이를 올바르게 활용한다면 청각장애인을 포함한 모든 사람이 더욱 평등하게 기회를 누릴 수 있을 것이다.

청각장애인을 위한 AI 기술은 다양한 분야에서 실질적인 변화를 가져오고 있다(Kafle et al., 2020). 실시간 음성 변환 기술은 강의실, 공공장소, 온라인 플랫폼에서 정보 접근성을 크게 향상시키고 있으며, AI 기반 수화 인식 및 번역 기술은 청각장애인과 비장애인 간의 소통 장벽을 낮추는 데 기여하고 있다. 스마트 보청기와 인공와우는 단순한 소리 증폭 기능뿐만 아니라 사용자의 환경을 학습하고 적응하는 맞춤형 기능을 제공하며, AI를 활용해 주변 소음을 줄이고 말소리를 더 선명하게 전달하는 방식으로 발전하고 있다.

하지만 이러한 기술 발전이 항상 긍정적인 결과만을 가져오는 것은 아니다. AI 기술은 무한한 가능성을 지니고 있지만, 기술이 자동으로 사회적 불평등을 해소하지는 않는다. 오히려 설계자, 데이터 수집자, 정책 결정자가 의도하지 않게 기존 편견을 강화하거나 소외를 재생산할 수 있다. 따라서 기술의 설계 초기 단계부터 청각장애인의 다양성과 실제 사용 환경을 반영하는 것이 필수적이다.

기술의 한계를 넘어 AI의 가능성

AI 기술이 청각장애인의 삶을 개선하는 데 기여하고 있지만, 여전히 극복해야 할 한계와 해결해야 할 과제들이 남아 있다. AI 기술이 인간과 원활하게 협력하며 실질적인 혜택을 제공하기 위해서는 신뢰성, 데이터 윤리, 접근성 등의 문제가 함께 논의되어야 하며, 이를 해결하기 위한 다각적인 접근이 필요하다.

첫째, AI 기술의 신뢰성과 정밀도 문제다. AI 기반 음성 변환 및 수화 번역 기술은 지속적으로 개선되고 있지만, 여전히 문맥을 정확하게 반영하지 못하거나 오류를 발생시키는 경우가 있다. 특히 법률 상담이나 병원 진료에서 AI 자막이 잘못된 용어를 번역할 경우, 사용자에게 치명적인 오해를 불러일으킬 수 있다. 이러한 기술 오남용 가능성은 사회적 신뢰를 훼손할 수 있으므로, 품질 검증 시스템이 필수적이다.

둘째, 데이터 편향성과 형평성 문제다. AI 시스템은 학습 데이터에 의해 성능이 결정되므로 특정 데이터가 부족하거나 편향되어 있을 경우 일부 사용자들에게 불리하게 작용할 가능성이 높다(Halevy et al., 2009). 특정 언어나 지역의 수화가 데이터셋에서 배제될 경우 AI 번역 시스템은 해당 사용자를 위한 효과적인 지원을 제공하지 못할 것이다. 따라서 포괄적인 데이터 구축과 지속적인 모델 개선이 필수적이다.

셋째, AI 기술의 접근성과 경제적 부담이다. 청각장애인을 위한 최신 AI 기술이 높은 비용으로 인해 일부 사용자들에게만 제공될 가능성이 있다. 공공 부문과 민간 부문의 협력을 통해 경제적 부담을 완화하고 보다 많은 사람들이 AI 기술의 혜택을 누릴 수 있도록 지원할 필요가 있다. AI 기술이 단순히 일부 사용자를 위한 특권이 아니라 모두가 누릴 수 있는 보편적 기술로 자리 잡을 수 있도록 정책적 지원이 마련되어야 한다.

기술적 한계를 극복하는 과정에서 AI는 더욱 정교한 방향으로 발전할 것이며, 이를 통해 청각장애인뿐만 아니라 사회 전반의 소통 구조가 개선될 수 있도록 지속적인 연구와 개발이 필요하다. 신뢰성 높은 AI 시스템을 구축하기 위해서는 지속적인 데이터 품질 관리, 알고리즘의 공정성 확보, 그리고 다양한 사용자 환경에 적응할 수 있는 설계가 필수적이다. 또한 AI 기술이 특정 기업이나 기관에 의존하지 않고 보다 많은 사용자들에게 보편적으로 제공될 수 있도록 공공 연구기관과 학계, 기업이 협력해 오픈소스 모델을 개발하고 표준을 마련하는 것도 중요하다.

AI가 해결해야 할 과제 중 하나는 기술의 투명성과 설명 가능성이다. 현재의 AI 시스템은 종종 '블랙박스'로 여겨지며, 사용자들이 AI의 결정 과정을 이해하기 어렵다. 특히 청각장애인을 위한 AI 기술의 경우, 사용자가 AI가 제공하는 변환된 정보가 얼마나 정확한지 검증할 수 있는 수단이 필요하다. 이를 위해 설명 가능한 AI(XAI, Explainable AI) 기술이 더욱 발전해야 하며, 사용자가 AI의 의사 결정 과정을 신뢰할 수 있도록 명확한 피드백 시스템을 갖추는 것이 필수적이다(Shneiderman, 2020).

더 나아가, AI 기술의 발전이 윤리적 논쟁을 불러일으킬 가능성도 고려해야 한다. 데이터 편향성과 프라이버시 문제는 청각장애인을 포함한 모든 사용자에게 중요한 요소이며, AI 시스템이 공정하게 작동할 수 있도록 지속적인 감시와 조정이 필요하다. 수화 번역 AI 학습을 위해 수집되는 영상 데이터는 대부분 당사자의 명확한 동의 없이 확보되는 경우가 많다. 이는 청각장애인의 정보 주권을 침해할 소지가 있으며, 데이터 수집 및 활용 전 과정에 대한 투명한 동의 절차 마련이 시급하다. 청각장애인을 위한 데이터 수집 과정에서 개인정보 보호 조치를 강화하고, 기술 개발 과정에서 사용자 커뮤니티와의 협력을 통해 실제 사용자의 요구를 반영하는 것이 필수적이다.

궁극적으로 AI 기술이 청각장애인을 비롯한 모든 사람에게 실질적인 혜택을 제공하기 위해서는 정부, 기업, 연구기관, 사용자 간의 협력이 필수적이다. 신뢰할 수 있고 접근성이 좋은 AI 기술을 개발하고 보급하기 위해서는 다각적인 정책 지원과 연구 개발 투자가 필요하며, 이를 통해 보다 포용적인 기술 환경이 조성될 수 있을 것이다.

포용적 소통과 연결의 비전

AI 기술의 발전은 인간과 기계의 관계를 점점 더 협력적인 방향으로 이끌고 있다. 특히 청각장애인을 위한 AI 기술은 단순한 보조 수단을 넘어 모든 사람이 동등한 정보 접근성과 소통 능력을 갖출 수 있도록 지원하는 중요한 역할을 한다.

청각장애인이 겪는 가장 큰 어려움 중 하나는 사회적 소통의 단절이다(WHO, 2021). 이를 해결하기 위해 AI 기반 자막 생성 기술, 수화 번역 시스템, 음성 인식 기술 등이 발전하고 있다(Alkahtani, 2024). 이러한 기술들은 청각장애인이 보다 원활하게 의사소통할 수 있도록 돕고 있으며, 나아가 비장애인과의 소통 방식 자체를 변화시키며 새로운 커뮤니케이션 문화를 형성하고 있다.

기술이 발전함에 따라 우리는 단순한 음성 기반 커뮤니케이션의 시대를 지나 다각적인 방식으로 정보를 전달하고 받을 수 있는 시대를 맞이하고 있다. 실시간 음성 인식 기술은 단순한 텍스트 변환을 넘어 대화의 맥락을 분석하고 사용자의 의도에 맞춘 번역 및 요약 기능을 제공하는 방향으로 발전하고 있다. 이는 청각장애인이 직장에서 동료들과 더욱 원활하게 소통할 수 있도록 돕고, 공공장소에서도 실시간으로 보다 많은 정보를 제공받을 수 있도록 한다.

AI 기반 수화 인식 및 번역 기술은 다양한 언어와 수화 방식을 지원하는 방향으로 발전하고 있다. 초기에는 특정 지역의 수화만을 인식하는 데 그쳤지만, 다국적 데이터 학습을 통해 보다 포괄적인 지원이 가능해지고 있다. 이는 국제 회의, 교육, 의료 서비스 등 다양한 분야에서 청각장애인의 접근성을 높이는 데 기여할 것이다. 더 나아가 인공지능이 수화와 문자 언어 간의 차이를 정교하게 분석하고 자연스럽게 변환할 수 있도록 개발된다면 청각장애인의 의사소통 속도와 정확성이 더욱 향상될 것이다.

사회적 포용성을 강화하기 위해 AI 기술의 역할도 점점 더 중요해지고 있다. AI가 제공하는 정보가 비장애인과 청각장애인 모두에게 동일한 품질로 제공되도록 해야 하며, 이를 위해 데이터 품질 개선과 지속적인 알고리즘 업그레이드가 필요하다. 또한 다양한 사용자 그룹이 AI 시스템을 쉽게 접근하고 활용할 수 있도록 직관적인 인터페이스 설계와 사용자 경험 개선이 필수적이다. 이를 위해 인간 중심적인 설계 철학을 반영해 장애 유무와 관계없이 누구나 직관적으로 활용할 수 있는 기술적 환경을 조성해야 한다.

청각장애인을 위한 AI 기술의 발전은 편리함을 제공하는 동시에 사회적 평등을 실현하는 도구로 작용해야 한다. 정보 접근성과 소통의 평등이 보장될 때, 청각장애인도 교육, 고용, 문화생활 등 다양한 영역에 더욱 적극적으로 참여할 수 있을 것이다. AI 기반 실시간 자막 시스템이 학교와 직장에서 표준적으로 제공된다면, 청각장애인의 학습 및 업무 환경이 크게 개선될 것이다. 이를 위해 정부, 민간 기업, 연구기관이 협력해 지속적인 기술 발전과 정책적 지원을 아끼지 않아야 한다.

AI 기술의 발전은 또한 감각 보조 기술을 넘어 감각을 확장하는 방향으로 진화하고 있다. 촉각 기반 인터페이스나 시각적 피드백을 활용한 청각 보조 기술이 개발되고 있으며, 이는 다양한 감각을 결합한 새로운 형태의 의사소통 가능성을 열어 준다. 이러한 기술들이 실생활에 적용되면 청각장애인은 더욱 직관적이고 효율적인 방식으로 주변 환경과 상호작용할 수 있을 것이다.

청각장애인을 위한 AI 기술이 효과적으로 활용되기 위해서는 사회적 인식 개선도 병행되어야 한다. 단순히 기술을 개발하는 것뿐만 아니라 장애에 대한 인식을 개선하고 AI를 통한 포용적 사회를 만들어 가기 위한 교육과 정책적 지원이 필요하다. 공공기관과 기업에서 AI 기반 보조 기술을 적극 도입하고, 관련 법과 제도를 정비해 모든 사람이 동등한 기회를 가질 수 있도록 해야 한다.

AI 기술은 단순히 새로운 기능을 개발하는 것을 넘어, 사회적 구조와 인식을 변화시키는 도구로 발전해야 한다. AI가 만들어 내는 새로운 소통 방식이 청각장애인과 비장애인 모두에게 긍정적인 영향을 미칠 수 있도록 지속적인 연구와 실질적인 지원이 이루어져야 한다. 인공지능이 만들어 내는 포용적인 연결의 가능성을 재발견하며, 앞으로 다가올 변화 속에서 모두가 함께 소통하고 협력하는 미래를 꿈꾸길 바란다.

참고문헌

Alkahtani, B. N.(2024). The Impact of Artificial Intelligence on Quality of Life for Deaf and Hard of Hearing Students. *American Annals of the Deaf, 169*(4), pp.329–347.

Goodfellow, I., et al.(2016). *Deep Learning.* MIT Press.

Halevy, A., et al.(2009). The Unreasonable Effectiveness of Data. *IEEE Intelligent Systems, 24*(2), pp.8–12.

Kafle, S., et al.(2020). Artificial intelligence fairness in the context of accessibility research on intelligent systems for people who are deaf or hard of hearing. *ACM SIGACCESS Accessibility and Computing,* 125, pp.1–1.

Russell, S. J., & Norvig, P.(2016). *Artificial intelligence: a modern approach.* Pearson.

Shneiderman, B.(2020). Human-Centered AI: Reliable, Safe & Trustworthy AI Systems. *ACM Transactions on Interactive Intelligent Systems, 10*(4), pp.1-27.

Turing, A. M.(1950). Computing Machinery and Intelligence. *Mind, 59*(236), pp.433-460.

WHO(2021). World Report on Hearing. https://www.who.int/publications/i/item/world-report-on-hearing

01
청각장애와 기술 발전

청각장애인의 삶의 질을 높이기 위해서는 기술 발전과 사회적 인식 변화가 필수적이다. 이를 통해 사회 구성원들이 효과적인 지원과 포용적 사회 구축에 능동적으로 참여할 수 있다. 초기 보청기와 인공와우에서 AI 기반 음성 변환, 수화 번역, 스마트 보청기 기술에 이르기까지 다양한 발전 사례를 통해 청각장애인의 자립 및 사회 참여 촉진의 필요성을 정리했다.

AI와 1인 창업?

청각장애의 이해와 역사적 맥락

청각장애는 소리를 듣지 못하는 생리적 한계를 넘어 각 시대의 사회적 인식, 문화적 배경, 기술적 발전 등 다양한 요소와 밀접하게 얽혀 있는 복합적 현상이다. 고대 사회에서 청각장애는 종종 부정적 인식과 미신적 편견 속에 갇혀 있었고, 청각장애인은 사회에서 배척받거나 주변화되는 일이 많았다. 일부 문화권에서는 청각장애가 신의 형벌이나 저주의 표시로 여겨져 사회적으로 격리되는 경우도 있었으며 이는 청각장애인의 삶의 질을 크게 저하시켰다. 그러나 시간이 흐르면서 청각장애에 대한 사회적 시선은 조금씩 변화하기 시작했고, 특히 르네상스와 계몽주의 시대를 거치며 장애인을 교육하고 사회에 통합하려는 움직임이 나타났다(Lane, 1984).

19세기에 접어들면서 청각장애인에 대한 본격적인 교육과 사회적 지원이 이루어지기 시작했다. 프랑스의 샤를 미셸 드 레페(Charles-Michel de l'Epee)는 최초로 수화를 체계화하고 청각장애인을 위한 학교를 설립해 이들의 의사소통과 교육 기회를 확대했다. 이는 유럽을 넘어 미국과 아시아 등 세계 각지로 퍼져 나갔고, 다양한 국가에서 청각장애인을 위한 교육기관과 프로그램이 속속 등장하기 시작했다. 또한 20세기 초반부터 청각 보조 기기의 초기 형태인 보청기가 개발되었으며, 이로 인해 청각장애인의 일상생활에서 정보 접근과 소통 능력에 실질적인 변화가 일어나기 시작했다.

한편, 청각장애인 사회 내부에서도 정체성과 문화적 자긍심을 강조하는 움직임이 점차 강해졌다. 특히 20세기 후반부터는 청각장애를 단순히 치료하거나 극복해야 할 문제로 보는 것이 아니라 하나의 고유한 문화적 정체성으로 인식하려는 '농(聾) 문화(Deaf Culture)' 운동이 활성화되었다(Lane, 1984). 농 문화에서는 수화를 단지 의사소통의 도구로 보지 않고 하나의 언어이자 문화적 자산으로 평가하며 이를 보존하고 발전시키기 위한 다양한 활동을 했다. 이러한 운동은 청각장애인을 둘러싼 사회적 인식 개선과 권리 향상에도 큰 영향을 미쳤다.

현대에 들어 정보통신 기술의 급격한 발전과 디지털 혁명이 청각장애인의 사회적 참여와 접근성을 획기적으로 높이고 있다. 인터넷과 스마트폰이 보편화되면서 정보 접근의 장벽이 크게 낮아졌고, 실시간 자막 서비스와 같은 기술이 등장해 방송과 미디어 접근성이 비약적으로 향상되었다. 특히 최근 인공지능과 결합된 스마트 보청기와 인공와우 기술은 청각장애인의 개별적인 청취 환경에 맞추어 최적화된 소리를 제공하며, 이전 세대의 단순한 소리 증폭 장치를 훨씬 뛰어넘는 개인 맞춤형 서비스로 발전했다(WHO, 2021). 이처럼 기술 발전은 청각장애인의 삶을 단지 조금 더 편리하게 만드는 수준이 아니라, 장애인과 비장애인 간의 소통 장벽을 적극적으로 허물고 사회적 포용성을 높이는 데 크게 기여하고 있다.

증강현실(AR) 및 가상현실(VR) 기술이 교육과 사회 참여 분야에서 활용되며 청각장애인에게 새로운 경험을 제공하고 있다. 가상 환경 내에서 청각장애인이 효과적으로 직업 훈련을 받고, 증강현실을 통해 즉각적인 수화 통역을 받는 등 기존 기술적 한계를 넘어선 새로운 가능성을 열어 가고 있다. 또한 AI 기반의 실시간 수화 번역 및 음성 텍스트 변환 기술은 기존 소통 방식을 혁신적으로 변화시키고 있으며, 청각장애인이 일상생활과 업무 환경에서 겪는 다양한 불편함을 해소하는 데 크게 기여하고 있다.

한편으로 기술 발전은 사회적 인식의 변화와 제도적 지원이 병행될 때 가장 효과적으로 기능한다는 점을 강조할 필요가 있다. 기술적 지원이 아무리 우수하더라도, 청각장애인에 대한 사회적 편견과 제도적 장벽이 존재하는 한 기술의 실질적인 혜택은 제한적일 수밖에 없다. 따라서 기술 발전과 더불어 청각장애인을 위한 제도적 지원 체계 확립, 비장애인 사회의 장애 인식 개선 교육, 그리고 장애 포용적 사회 환경 구축이 필수적으로 이루어져야 한다.

청각장애는 단순한 청력 손실 이상의 복잡한 사회적, 문화적 함의를 지니고 있으며, 역사적으로 기술 발전과 밀접하게 연관된 변화의 과정을 거쳐 왔다. 과거의 부정적이고 배타적인 시각에서 벗어나 현대에는 기술과 문화의 결합을 통해 보다 포용적이고 공평한 사회를 지향하는 방향으로 변화하고 있다. 앞으로도 계속해서 기술 혁신과 사회적 인식 변화가 함께 이루어질 때, 청각장애인이 진정으로 완전한 사회 구성원으로서 참여할 수 있는 환경이 실현될 것이다.

주요 기술 발전과 청각장애인의 생활 변화

최근 수십 년 동안 급격한 의료 기술과 정보통신 기술의 진보는 청각장애인의 삶을 근본적으로 바꾸어 놓았다. 초기 보청기와 인공와우(Cochlear Implant)의 등장으로 청각장애인은 소리를 인식하는 능력을 부분적으로 회복할 수 있었고, 이는 일상생활의 독립성과 자율성을 크게 높이는 계기가 되었다(Carlson et al., 2012) 특히 보청기 기술은 초기의 아날로그 방식에서 첨단 디지털 방식으로 전환되면서 획기적인 발전을 이루었다(Marschark & Spencer, 2010) 디지털 보청기는 주변 소음을 효과적으로 차단하거나 선택적으로 증폭할 수 있으며, 자동으로 사용자의 주변 환경을 분석해 가장 적합한 청취 설정을 제공한다. 또한 블루투스와 같은 무선 연결 기술이 도입되어 스마트폰, TV, 컴퓨터 등 다양한 디지털 기기와의 연동이 가능해졌으며, 이로 인해 청각장애인의 일상 생활에서 편의성과 접근성이 획기적으로 향상되었다.

인공와우 기술 역시 지속적으로 발전해서, 단순히 소리를 전달하는 것을 넘어 더욱 자연스럽고 명확한 음성 이해를 가능하게 했다. 초기의 인공와우는 제한된 소리 신호만을 전달할 수 있었으나, 최근 AI 기술이 접목된 최신형 제품들은 사용자의 청각 신경 신호를 분석해 보다 정확한 음성 신호를 전달한다(Zeng, 2004). 이를 통해 과거에는 어려웠던 다양한 사회 활동과 대화 참여가 가능해졌으며, 특히 소음이 많은 환경에서도 보다 명확한 청취가 가능해져 청각장애인의 자신감과 사회적 참여도를 높이고 있다.

정보통신 기술의 발전 또한 청각장애인의 사회 참여에 혁신적인 변화를 가져왔다. 인터넷의 대중화와 모바일 기기의 보급 확산은 청각장애인이 장소와 시간에 구애받지 않고 다양한 정보를 습득할 수 있는 환경을 조성했다. 인터넷과 SNS를 통해 청각장애인들은 뉴스, 교육, 문화 콘텐츠에 손쉽게 접근할 수 있으며, 실시간 자막 생성 기술을 통해 영상 콘텐츠를 자유롭게 소비할 수 있게 되었다. 특히 영상 통화와 화상회의 플랫폼의 발전으로 원격 의사소통이 간편해졌고, 코로나19 팬데믹 기간 동안에도 청각장애인들이 비교적 원활하게 비대면 업무와 원격 교육을 지속할 수 있었다.

텍스트 자동 변환 및 실시간 음성 인식 기술은 비장애인과의 상호작용을 크게 촉진했다. 2010년 이후 스마트폰 보급이 확산되면서 구글의 라이브 트랜스크라이브(Live Transcribe), 마이크로소프트의 실시간 자막 생성 서비스 등 첨단 AI 기반 기술은 강의나 회의, 상담 등 다양한 소통 환경에서 즉각적이고 정확한 텍스트 변환 서비스를 제공한다. 또한 최근에는 다국어 번역 기능까지 통합되어, 청각장애인이 해외 여행이나 국제 행사 참여 시 언어 장벽으로부터 더욱 자유로워질 수 있는 가능성이 열리고 있다.

스마트폰과 웨어러블 기기를 활용한 첨단 앱 기술도 주목할 만하다. 청각장애인 전용 모바일 애플리케이션은 실시간 자막 기능뿐 아니라 사용자 주변에서 발생하는 소리를 진동이나 시각적 알림으로 변환해 제공한다. 도어벨 소리, 화재 경보음, 전화 알림과 같은 긴급 상황도 즉시 알 수 있게 되면서 청각장애인의 안전과 독립성이 더욱 향상되었다. 최근 등장한 스마트워치와 같은 웨어러블 디바이스는 이러한 알림 기능을 더욱 간편하고 효과적으로 제공하며, 청각장애인이 언제 어디서나 주변 상황을 빠르게 인지할 수 있도록 돕고 있다.

이러한 기술 발전은 단순히 청각 능력의 결함을 보완하는 차원을 넘어, 청각장애인이 사회적 존재로서 보다 적극적이고 독립적으로 활동할 수 있는 기반을 마련했다는 점에서 의미가 크다. 과거 청각장애인이 마주했던 사회적 고립과 소외의 문제는 점점 기술적 해결책을 통해 극복되고 있으며, 이는 결국 장애인과 비장애인 간의 사회적 격차와 장벽을 허무는 계기가 되고 있다. 앞으로도 기술의 지속적인 발전과 더불어 사회적 인식의 개선 및 제도적 지원이 병행된다면, 청각장애인은 보다 완전한 사회 구성원으로서의 삶을 영위할 수 있을 것이다.

인공지능과 함께하는 청각 기술의 진화

청각장애인을 위한 보조 기술은 최근 인공지능과 융합하면서 이전보다 더욱 빠르고 정교하게 진화하고 있다.

특히 인공지능의 핵심 기술인 음성 인식, 자연어 처리(NLP), 딥러닝의 도입은 기존의 단순한 음성 증폭 기술을 뛰어넘어 사용자 맞춤형 환경을 제공하는 단계로 발전하고 있다. 과거의 보조 기기가 소리를 단지 크게 하거나 전달하는 것에 초점을 맞추었다면, 이제는 사용자의 환경과 개별적 요구를 실시간으로 파악하고, 그에 따른 최적화된 청취 환경과 소통 방식을 제공하는 방향으로 변화하고 있다.

AI 기반 음성인식 기술은 청각장애인의 의사소통 환경을 근본적으로 바꿀 수 있는 핵심 기술로 부상하고 있다. 사용자의 발음과 억양, 주변 소음을 정확히 분석해 상황에 맞는 최적의 자막과 음성 정보를 제공할 수 있다. 이러한 기술은 강의실, 공공장소, 회의와 같은 다양한 환경에서도 높은 정확도의 실시간 자막을 생성함으로써 청각장애인이 겪는 소통의 장벽을 효과적으로 극복하도록 지원한다. 또한 AI는 말소리를 문자로 변환할 뿐만 아니라 문장의 문맥과 화자의 의도까지 파악해 보다 자연스럽고 직관적인 커뮤니케이션을 가능하게 한다.

수화 인식 및 번역 기술 역시 AI와 컴퓨터 비전 기술의 발달과 함께 빠르게 진화하고 있다. 기존 수화 번역 시스템이 간단한 손동작을 인식하는 정도에 머물렀다면, 이제는 카메라와 AI 알고리즘을 통해 손의 미세한 움직임뿐만 아니라 사용자의 얼굴 표정, 몸짓 등 비언어적 신호까지 분석해 보다 정확한 의미 전달이 가능하게 되었다. 특히 최근 연구에서는 다양한 국가와 지역의 수화 방언을 학습해 개별 사용자의 언어 습관까지 반영하는 맞춤형 번역 서비스가 제공될 것으로 기대되고 있다. 이를 통해 청각장애인은 국내뿐만 아니라 국제적인 행사나 다국적 업무 환경에서도 보다 자신 있게 의사소통을 할 수 있게 될 것이다.

더 나아가 청각 기술의 발전은 사물인터넷(IoT)과 결합한 스마트 환경 구축으로 확장되고 있다. 스마트 홈 시스템과 IoT 기반 센서들이 AI와 연동되면, 집안이나 직장 등 생활 공간에서 발생하는 다양한 소리를 시각적 알림이나 진동으로 전달하는 것이 가능해진다. 초인종 소리, 전화 벨 소리, 긴급 상황 경보 등을 실시간으로 감지해 청각장애인의 스마트폰이나 스마트워치로 전달할 수 있으며, 이를 통해 보다 안전하고 독립적인 생활 환경이 조성될 것이다. 또한 공공장소에서도 AI 기반 위치 추적 기술과 결합해 정확한 이동 경로와 상황 정보를 실시간으로 제공함으로써, 청각장애인이 보다 쉽게 사회적 활동에 참여할 수 있도록 지원한다.

그뿐 아니라 AI 기술과 증강현실, 가상현실 기술의 융합도 이루어지고 있다. AR 기반 수화 통역 서비스는 실제 환경 위에 실시간으로 수화 번역을 시각적으로 제공함으로써 청각장애인의 의사소통을 돕는다(김유경 · 권순복, 2017). 공항이나 병원과 같은 공공장소에서 AR 글래스를 통해 안내원의 말이 실시간 수화 영상이나 자막으로 전달된다면, 청각장애인이 더욱 편리하고 자연스럽게 소통할 수 있을 것이다. 또한 VR 기술은 몰입형 교육 환경을 제공해 청각장애 학생들이 보다 집중력 있게 학습에 참여할 수 있도록 지원할 수 있다.

이러한 기술적 진보는 청각장애인 개인의 삶의 질을 높일 뿐 아니라 사회 전체의 포용성과 소통의 문화를 확장하는 데에도 기여한다. 과거 청각장애인은 기술의 한계로 인해 사회적 격차와 소외를 경험했지만, AI와 첨단 기술의 발전으로 인해 이러한 문제는 점차 해소되고 있다. 앞으로도 지속적인 AI 기술 발전과 함께 사회적, 정책적 지원이 병행된다면 청각장애인뿐 아니라 모든 사회 구성원이 더욱 풍요롭고 포용적인 환경에서 살아갈 수 있는 새로운 시대가 열릴 것으로 기대된다. AI와 청각 기술의 융합은 더 이상 먼 미래의 이야기가 아니라 이미 우리 곁에서 실현되고 있는 현실이며, 이러한 기술의 진화가 가져올 변화는 앞으로 더욱 기대할 만하다.

참고문헌

김유경 · 권순복.(2017). 특수교육에 적용된 증강현실 기술의 국내외 연구동향 분석. ≪특수교육재활과학연구≫, 56(2), pp.127–146.

Carlson, M. L., et al.(2012). Cochlear implantation: Current and future device options. *Otolaryngologic Clinics of North America, 45*(1), pp.221–248.

Lane, H.(1984). *When the mind hears: A history of the deaf.* Random House: NY.

Marschark, M., & Spencer, P. E.(Eds.)(2010). *The Oxford handbook of deaf studies, language, and education* (Vol. 2). Oxford University Press.

WHO(2021). World report on hearing. https://www.who.int/publications/i/item/world-report-on-hearing

Zeng, F.-G.(2004). Trends in cochlear implants. *Trends in Amplification, 8*(1), pp.1–34.

02
AI 기반 보조 기술

AI 기반 보조 기술은 청각장애인의 소통과 정보 접근성을 향상하며, 실시간 음성 변환, AI 기반 수화 인식, 스마트 보청기 기술 등을 통해 포용적 의사소통 환경을 제공한다. 음성을 텍스트로 변환하는 기술은 실시간 자막을 지원하고, AI 기반 수화 인식은 수화를 텍스트나 음성으로 변환하며, 스마트 보청기는 사용자 맞춤형 청취 환경을 조성한다. 이러한 기술들은 청각장애인의 사회적 참여를 확대하는 데 중요한 역할을 한다.

AI와 MBTI?

AI와 청각장애인을 위한 보조 기술

AI는 다양한 분야에서 혁신을 이끌고 있으며, 특히 청각장애인을 위한 보조 기술 발전에 중요한 역할을 하고 있다. 전통적으로 청각장애인을 위한 기술은 보청기나 인공와우와 같은 청각 보조 기기에 집중되었으나, 최근에는 AI 기반 기술이 결합되면서 더 정교하고 효과적인 지원이 가능해지고 있다. AI의 핵심 기술인 음성 인식, 자연어 처리, 컴퓨터 비전, 기계 학습 등을 활용하면 청각장애인이 보다 원활하게 의사소통하고 정보를 습득하며, 사회적 활동에 참여할 수 있는 길이 열린다.

AI 기반 보조 기술은 크게 세 범주로 나뉜다(Charih et al., 2020). 첫째, 실시간 음성 변환 기술은 음성을 텍스트로 변환해 대화형 의사소통을 지원한다. 둘째, 수화 인식 및 번역 기술은 AI가 수화를 해석하고 이를 음성이나 텍스트로 변환해 비장애인과의 원활한 소통을 돕는다. 셋째, 스마트 보청기와 웨어러블 디바이스는 AI를 통해 환경을 분석하고 사용자 맞춤형 청각 지원을 제공한다(Young et al., 2020). 실시간 음성 변환 기술은 화자의 음성을 마이크로 받아 텍스트로 변환하는 소프트웨어 기반 서비스이며, 스마트 보청기는 청취 환경에 반응하는 하드웨어 중심의 개인 기기다. 두 기술 모두 AI를 활용하지만 작동 방식과 사용자 목적이 다르다.

특히 AI 기술이 발전함에 따라 단순한 변환 기술을 넘어 사용자 개인의 니즈에 맞춘 서비스 제공이 가능해졌다. 과거에는 청각장애인을 위한 보조 기술이 단순히 정보를 전달하는 수준에 머물렀다면, 이제는 AI가 사용자의 환경과 맥락을 실시간으로 분석해 최적의 정보를 제공하는 수준까지 도달했다(Reddy et al., 2018). 이러한 기술 발전은 청각장애인이 보다 자율적으로 생활하고, 다양한 사회적 환경에서 원활하게 적응할 수 있도록 돕는다.

실시간 음성 변환과 자막 생성 기술

AI 기반 실시간 음성 변환 기술은 청각장애인을 위한 대표적인 보조 기술 중 하나로, 음성을 텍스트로 변환해 실시간 자막을 제공하는 기능을 갖추고 있다. 이는 강의, 회의, 영상 콘텐츠, 전화 통화 등 다양한 환경에서 활용되며, 특히 정확성과 속도가 중요한 기술로 평가받는다(Madahana et al., 2022).

대표적인 실시간 자막 생성 기술로는 구글의 라이브 트랜스크라이브(Live Transcribe), 마이크로소프트의 애저 스피치 투 텍스트(Azure Speech-to-Text), 그리고 애플의 실시간 텍스트(RTT, Real-time Text) 기능 등이 있다. 라이브 트랜스크라이브는 구글이 개발한 실시간 음성 인식 앱으로, 사용자가 말하는 내용을 실시간으로 텍스트로 변환해 주는 서비스다. 이 앱은 스마트폰의 마이크를 통해 음성을 수집하고, 이를 텍스트로 변환해 화면에 표시한다. 여러 언어를 지원하고 다양한 환경에서 음성을 정확히 인식할 수 있도록 설계되었다. 강의나 회의 중에 실시간으로 발화된 내용을 텍스트로 제공해 청각장애인들이 빠르고 정확하게 내용을 따라갈 수 있도록 도와준다.

애저 스피치 투 텍스트는 마이크로소프트의 클라우드 서비스인 애저(Azure)를 기반으로 한 음성 인식 서비스다. 이 서비스는 사람의 목소리나 대화의 내용을 실시간으로 텍스트로 변환하는 기능을 제공한다. 애저 스피치 투 텍스트는 음성을 매우 정확하게 변환할 수 있도록 다양한 음성 모델을 제공하며 이를 통해 다양한 환경에서도 음성을 정확하게 인식할 수 있다. 특정 화자의 목소리를 학습해 더욱 개인화된 인식 성능을 발휘하기 때문에 회의나 인터뷰와 같은 상황에서 유용하게 사용될 수 있다.

실시간 텍스트(RTT)는 애플에서 제공하는 음성 변환

기능으로, 음성을 텍스트로 변환하는 것뿐만 아니라 텍스트가 실시간으로 나타나는 점이 특징이다. RTT는 전화 통화 중에도 실시간으로 텍스트가 제공되어 청각장애인들이 전화 통화를 할 때 말하는 내용을 즉시 확인할 수 있게 해 줘 흐름을 끊기지 않게 유지하면서도 상대방의 말을 텍스트로 변환해 대화가 이어질 수 있도록 도와준다. 이 기술은 아이폰과 아이패드에서 전화, 메시지, 비디오 통화 등 다양한 상황에서 활용된다.

이러한 기술들은 AI 기반 음성 인식과 자연어 처리 기술을 활용해 음성 데이터를 빠르게 분석하고, 이를 텍스트로 변환한다. 과거의 음성 변환 기술은 잡음에 취약하고 발음이 불명확한 경우 오류가 발생하는 한계가 있었으나, AI 딥러닝 모델이 지속적으로 학습하며 성능이 비약적으로 향상되었다(고병철, 2020).

특히 AI가 실시간으로 음성을 분석하고 발화자의 억양, 속도, 문맥을 이해하면서 더 자연스럽고 정확한 자막을 생성할 수 있다. 유튜브의 자동 자막 생성 기능은 AI 기반의 음성 인식 엔진을 사용해 영상 속 대사를 분석하고 여러 언어로 실시간 번역까지 제공한다. 이는 청각장애인뿐만 아니라 비장애인에게도 큰 도움이 되는 기술로 평가받고 있다.

실시간 음성 변환 기술의 발전은 단순한 텍스트 변환을 넘어선다. 현재 개발 중인 AI 모델들은 특정 화자의 음성을 학습해 보다 정확한 자막을 제공하고, 대화 내용을 요약해 핵심 정보를 전달하는 기능도 추가되고 있다. 또한 개인 맞춤형 AI 음성 인식 모델을 적용하면 사용자의 억양과 발음을 학습해 더욱 정교한 변환이 가능하다.

이러한 기술들은 청각장애인에게 정보 접근성을 제공할 뿐만 아니라 사회적 활동과 직장 환경에서의 원활한 커뮤니케이션을 가능하게 하며, 궁극적으로는 장애와 비장애의 경계를 허무는 중요한 역할을 하고 있다.

AI 기반 수화 인식 및 스마트 보청기 기술

수화는 청각장애인의 중요한 의사소통 수단이지만, 여전히 비장애인과의 원활한 소통에는 어려움이 따른다. 이러한 문제를 해결하기 위해 AI 기반의 수화 인식 및 번역 기술이 활발히 개발되고 있으며, AI가 수화의 손동작을 분석하고 이를 텍스트 또는 음성으로 변환하는 기술이 점점 정교해지고 있다(이민우, 2019).

최근 AI 연구에서는 컴퓨터 비전과 딥러닝 기술을 활용해 수화의 손 모양과 움직임을 정확하게 인식하는 시스템이 등장했다. 마이크로소프트의 AI 기반 수화 번역 기술, 구글의 수화 인식 프로젝트, MIT의 손 모양 분석 AI 등이 있다. 이러한 기술은 카메라와 센서를 이용해 사용자의 손동작을 감지하고, 이를 실시간으로 분석해 음성이나 텍스트로 변환하는 방식을 사용한다.

스마트 보청기는 또 다른 AI 기반 기술의 혁신적인 사례다. 기존 보청기는 단순히 소리를 증폭하는 기능만 수행했지만, AI가 결합된 스마트 보청기는 사용자의 주변 환경을 분석하고, 불필요한 소음을 제거하며, 특정 음성만을 강화하는 기능을 수행할 수 있다. 대표적인 예로는 오티콘(Opn 보청기), 스타키(Starkey AI 보청기), 필립스 히어링 솔루션 등이 있다.

AI 기반 스마트 보청기는 다양한 혁신적인 기능을 통해 사용자에게 맞춤형 청취 환경을 제공한다(Tu et al., 2021). 먼저, 이 기술은 주변의 배경 소음과 사람의 음성을 구분해 사용자가 원하는 소리만을 선별적으로 증폭할 수 있도록 조정한다. 또한 사용자의 청취 습관을 학습해 다양한 상황에 따라 최적의 음향 환경을 자동으로 설정해 주는 기능도 갖추고 있다. 이와 더불어, 스마트 보청기는 스마트폰이나 태블릿 등 웨어러블 디바이스와 연동되어 전화 통화, 음악 감상, 음성 비서 기능 등의 다양한 디지털 서비스도 쉽게 활용할 수 있게 해 준다. 최근에는 AI가 화자의 감정 상태까지 분석해 자막에 이모티콘, 감정 레이블 등을 자동 표시하는 기술도 연구 중이다. 이는 단순 텍스트 전달을 넘어서 의사소통의 맥락까지 복원하려는 시도라 할 수 있다.

앞으로의 연구 방향은 AI 기반의 수화 인식과 스마트 보청기를 더욱 정교하게 발전시키는 것이다. 보다 다양한 수화 방언을 지원하고, 개인의 손동작 특성을 반영하는 AI 모델이 필요하다. 또한 AI 기반 스마트 보청기가 더욱 작고, 저렴하며, 대중적으로 보급될 수 있도록 기술적, 정책적 지원이 병행되어야 한다.

참고문헌

고병철(2020). 음성 인식. 경인교육대학교 미래인재연구소 & 인공지능교육 연구소. http://computing.or.kr/14792/speech-recognition%EC%9D%8C%EC%84%B1-%EC%9D%B8%EC%8B%9D/

이민우(2019). [구글 I/O] "11시 방향에 책상 있어요"… AI, 장애인의 '눈과 귀' 된다. 아시아경제. https://www.asiae.co.kr/article/2019050914060786326/

정우석 외(2016). 양방향 수화 번역 장치 및 장치가 수행하는 양방향 수화 번역 방법. 특허청.

Charih, F., et al.(2020). Data-Driven Audiogram Classification for Mobile Audiometry. *Scientific Reports, 10*(1), 1-10.

Madahana, M. C., et al.(2022). A proposed artificial

intelligence-based real-time speech-to-text to sign language translator for South African official languages for the COVID-19 era and beyond: In pursuit of solutions for the hearing impaired. *The South African journal of communication disorders, 69*(2), e1-e11. https://doi.org/10.4102/sajcd.v69i2.915

Reddy, C. K. A., et al.(2018). An Individualized Super Gaussian Single Microphone Speech Enhancement for Hearing Aid Users with Smartphone as an Assistive Device. arXiv preprint arXiv:1812.03916.

Tu, Z., et al.(2021). DHASP: Differentiable Hearing Aid Speech Processing. arXiv preprint arXiv:2103.08569.

Young, F., et al.(2020). A Deep Learning based Wearable Healthcare IoT Device for AI-enabled Hearing Assistance Automation. arXiv preprint arXiv:2005.08076.

03
실시간 음성 변환 기술

실시간 음성 변환 기술은 청각장애인의 의사소통을 혁신적으로 개선하며, 음성을 텍스트로 변환해 실시간 자막을 제공하는 기술이다. 강의, 회의, 영상 콘텐츠, 전화 통화 등 다양한 환경에서 활용되며, 인공지능과 자연어 처리 기술의 발전으로 정확성과 속도가 크게 향상되고 있다. 특히 AI 기반 개인 맞춤형 음성인식 모델이 등장하면서 사용자의 발음과 언어 습관을 반영한 정밀한 변환이 가능해지고 있다.

AI와 난임 극복?

실시간 음성 변환 기술의 원리

실시간 음성 변환 기술은 AI 기반 음성 인식(ASR, Automatic Speech Recognition)과 자연어 처리(NLP)를 활용해 음성을 텍스트로 변환하는 과정에서 작동한다. 이 기술은 사람의 소리를 컴퓨터가 인식할 수 있는 특징값으로 바꾸는 역할을 하는 음향학적 모델과 문장의 문맥과 단어 순서를 파악해 더 자연스러운 문장으로 만드는 언어 모델을 결합해 음성 신호를 분석하고 이를 텍스트로 변환하는 방식으로 작동한다.

초기 음성 인식 시스템은 단순한 단어 매칭 방식이었기 때문에 인식률이 낮았고, 주변 소음이나 발음 차이로 인해 오류가 자주 발생했다. 그러나 최근에는 딥러닝과 빅데이터를 활용한 AI 음성 인식 기술이 등장하면서 정확도가 비약적으로 향상되었다(Kakalab, 2018). 특히 심층 신경망(DNN, Deep Neural Network)을 기반으로 한 모델은 발음, 억양, 문맥을 분석해 보다 자연스럽고 정교한 음성 변환을 가능하게 하고 있다. 또한 최신 실시간 음성 변환 시스템은 화자의 특징을 학습하는 개인 맞춤형 음성 인식 모델을 제공한다.

이러한 모델은 사용자의 언어 습관을 분석해 발음 변이를 보정하고, 실시간으로 높은 정확도의 자막을 생성

할 수 있도록 지원한다. 이제는 다국어 지원과 문맥 기반 분석이 강화되면서, 실시간 번역 및 다국어 음성 변환 기술도 함께 발전하고 있다.

실시간 음성 변환 기술이 구체적으로 작동하는 단계는 다음과 같다(IBM, 2024).

첫 단계는 음성 입력과 전처리 과정으로, 사용자의 음성이 마이크를 통해 디지털 신호로 변환된 뒤 잡음 제거 및 음량 조정 등의 전처리 과정을 거친다. 이 단계는 깨끗하고 분석하기 쉬운 데이터로 바꾸어 주는 중요한 단계로, 이후 인식 과정의 정확도에 큰 영향을 미친다.

두 번째 단계는 음향 모델을 활용한 특징 추출이다. 이 과정에서는 음성 데이터의 음향적 특성인 음 높이, 길이, 억양, 발음 등을 세밀하게 분석해 이를 기계가 처리할 수 있는 특징값(feature)으로 변환한다. 예컨대 음성에서 모음과 자음이 구분되는 패턴, 억양의 변화 등을 심층 신경망이 학습해 음향 모델이 만들어진다.

세 번째 단계는 언어 모델을 이용한 문맥 예측이다. 음향 모델로부터 얻은 음성의 특징을 바탕으로 실제 단어나 문장으로 변환하는 과정이다. 이 단계에서는 문맥을 분석해 음성으로부터 가장 자연스러운 문장을 구성하는데, 이때 방대한 텍스트 데이터로 학습된 AI 모델이 과거의 학습 데이터를 기반으로 높은 정확도로 문장을 생성한다.

마지막 단계는 후처리 과정이다. 생성된 텍스트는 문맥과 문법적 정확성을 위해 다시 한 번 검토되고, 이상이 있으면 실시간으로 교정된다. 특히 최근 AI 시스템은 이전 발화를 기억하며 대화 흐름을 유지하는 능력까지 갖추고 있어, 자연스러운 실시간 대화를 구현한다.

최근에는 특정 환경에서 사용되는 전문 용어나 신조어를 정확히 인식하기 위해 사용자의 작업 환경이나 분야에 따라 특화된 음성 인식 모델도 등장하고 있다. 예를 들어 의료 분야에서는 의학 용어가 많은 전문적인 음성 데이터를 학습시킨 모델을 통해 의료진과 환자 간의 정확한 의사소통을 지원하고 있다.

또한 최근 음성 변환 기술은 실시간 다중 화자 인식 기능도 포함하고 있어, 여러 사람이 함께 이야기하는 상황에서도 발언자를 자동으로 구분하고 각각의 발언을 정확한 자막으로 표시할 수 있는 수준까지 도달했다. 이 기능은 회의, 세미나, 강의 등 다양한 장소에서 활용도가 높아 청각장애인의 소통 환경을 더욱 향상시키고 있다.

이처럼 AI 기반 실시간 음성 변환 기술은 단순히 청각장애인을 위한 보조 기기에 머무르지 않고, 모두가 누릴 수 있는 보편적 소통 수단으로 점점 더 발전하고 있다. 기술 발전과 함께 소통의 장벽은 점점 허물어지고 있으며, 가까운 미래에는 더욱 정확하고 자연스러운 소통 환경이 마련될 것으로 기대된다.

주요 응용 사례와 활용 환경

실시간 음성 변환 기술은 청각장애인을 위한 다양한 분야에서 활용되고 있다. 특히 교육, 직장, 미디어, 공공 서비스 등에 이 기술이 도입되면서, 청각장애인의 정보 접근성이 더욱 확대되고 있다.

교육 분야에서는 강의나 수업 중 실시간 자막을 제공하는 기술이 널리 사용되고 있다. 유튜브, 줌(Zoom)과 같은 온라인 강의 플랫폼에서는 AI 기반 자동 자막 기능을 제공해 청각장애 학생들의 학습을 지원한다. 대면 강의에서도 스마트 디바이스를 활용한 음성 변환 시스템이 적용되어 청각장애 학생들이 실시간으로 내용을 이해할 수 있도록 돕고 있다. 최근에는 강사의 음성을 실시간으로 텍스트로 변환한 뒤, 학생들이 가진 태블릿이나 스마트폰을 통해 직접 제공하는 맞춤형 솔루션도 개발되었다. 이 시스템은 강의 내용뿐만 아니라 중요한 키워드나 개념을 강조해 표시하는 기능도 갖추고 있어 학습 효율성을 더욱 높이고 있다.

직장 및 회의 환경에서도 실시간 음성 변환 기술이 중요한 역할을 하고 있다. 특히 글로벌 기업에서는 다국어 번역 기능이 포함된 음성 변환 기술을 사용해 다양한 언어 사용자들이 실시간으로 소통할 수 있도록 지원한다. AI 기반 회의록 자동 생성 시스템은 회의 내용을 실시간으로 텍스트로 변환해 직원들의 업무 효율성을 높이고 있으며, 청각장애인을 위한 업무 환경 개선에도 기여하고 있다. 최근에는 발언자의 이름을 인식하고 각 발언자의 발화를 색상으로 구분해 표시하는 기술도 등장했다. 이 기술은 여러 사람이 동시에 참여하는 대규모 회의에서도 발언자와 내용을 쉽게 구분할 수 있도록 돕는다. 또한 회의 내용을 주제별로 자동 분류하고 요약까지 해 주는 고급 기능이 추가되어 회의 후 자료 정리 시간을 대폭 절약할 수 있다.

미디어 및 공공 서비스에서도 실시간 음성 변환 기술이 적극적으로 활용되고 있다. TV 방송 및 온라인 동영상 플랫폼에서는 자동 자막 기능이 기본적으로 제공되며, 공공 기관에서도 청각장애인을 위한 실시간 자막 지원 시스템을 도입해 행정 서비스 접근성을 개선하고 있다. 특히 뉴스나 재난 방송 등 긴급 상황에서는 실시간 음성 변환 기술이 필수적이다. 최근 자연재해나 팬데믹 같은 위기 상황에서는 긴급 브리핑의 음성을 실시간으로 자막화해 청각장애인들이 신속히 중요한 정보를 얻을 수 있도록 지원했다.

문화 예술 분야에서도 실시간 음성 변환 기술의 활용이 확장되고 있다. 극장이나 콘서트장에서는 공연의 대사와 가사를 실시간으로 스크린이나 개인 디바이스에 자막으로 제공함으로써 청각장애인의 문화 참여 기회를 넓히고 있다. 이 기술은 오페라, 연극, 뮤지컬 등 다양한 공연 장르에서 활용되며, 공연장의 몰입감을 높이기 위해 감정 표현이나 음악의 분위기까지 텍스트로 세부적으로 묘사하는 기능이 개발되고 있다. 의료 서비스 분야에서도 이 기술의 활용이 증가하고 있다. 병원에서는 청각장애인이 의료진과 원활하게 소통할 수 있도록 진료 내용을 실시간으로 자막으로 변환하는 시스템을 도입해 의사와 환자 간 소통 문제를 해결하고 진료의 정확성을 높이는 데 기여하고 있다. 특히 AI가 전문 의료 용어를 정확하게 인식하고 변환하는 기술을 도입함으로써, 의료 현장에서의 실용성을 크게 향상시키고 있다.

이처럼 실시간 음성 변환 기술은 단순한 텍스트 변환을 넘어, 청각장애인의 사회적 참여와 자립을 지원하는 핵심 기술로 자리 잡으며, 사회 모든 분야에서의 활용 가능성을 더욱 확대하고 있다.

실시간 음성 변환 기술의 미래 전망

AI 기술의 발전과 함께 실시간 음성 변환 기술은 더욱 정교해지고 있으며, 앞으로 다양한 방식으로 진화할 것으로 예상된다. 특히 스마트 기기 및 IoT와의 연동이 강화되면서 음성 변환 기술이 더욱 직관적이고 편리한 형태로 발전할 것이다.

개인 맞춤형 음성 인식 모델의 확장은 향후 중요한 발전 방향 중 하나다. 현재 AI 음성 인식 기술은 일반적인 음성을 변환하는 방식이지만, 향후에는 사용자의 언어 습관을 지속적으로 학습하는 개별 맞춤형 모델이 도입될 것으로 예상된다(NCSOFT, 2016). 이러한 기술이 발전하면, 특정 억양이나 방언도 정확하게 인식할 수 있어 보다 개인화된 서비스가 가능해진다.

실시간 음성 변환 기술은 스마트폰, 스마트워치, AR/VR 기기와 같은 웨어러블 기기와의 연동이 강화될 것으로 보인다(Shezi & Ade-Ibijola, 2020). 이러한 기술이 발전하면 청각장애인이 더욱 자연스럽게 정보를 습득하고, 음성 명령을 활용해 일상생활에서의 불편함을 줄일 수 있다. 그러나 AI 음성 변환 기술이 더욱 발전하기 위해서는 몇 가지 해결해야 할 과제가 있다.

우선 개인정보 보호 문제와 AI 윤리적 문제에 대한 명확한 규정이 필요하다. 음성 데이터가 지속적으로 수집되고 분석되는 과정에서 개인 정보 보호와 데이터 안전성이 보장되어야 한다. 또한 모든 사용자가 접근할 수 있도록 기술 비용이 낮아지고, 다양한 언어와 방언을 지원하는 인공지능 모델이 개발될 필요가 있다.

현재 음성 변환 기술이 특정 언어나 표준 발음에 최적화되어 있기 때문에, 글로벌 수준에서 다양한 사용자들이 편리하게 사용할 수 있도록 발전해야 한다. 외국인 청각장애인, 다문화 가정의 경우 다중 언어 간 변환 정확도가 낮아 정보 접근의 사각지대에 놓이기 쉽다. 실시간 음성 변환 기술은 청각장애인의 정보 접근성을 극대화하며, AI 기반 기술의 발전에 따라 더욱 정교하고 포용적인 방향으로 발전할 것이다.

미래에는 더욱 높은 정확도를 가진 AI 음성 변환 시스템이 등장해, 청각장애인의 사회적 참여와 자립을 적극적으로 지원하는 중요한 도구가 될 것이다.

참고문헌

IBM(2024). Speech to Text란 무엇인가요?
https://www.ibm.com/kr-ko/think/topics/speech-to-text

Kakalab(2018). 음성인식 기술의 간략한 역사(1) – A Brief History of ASR.
https://kakalabblog.wordpress.com/2018/08/27/a-brief-history-of-asr/

NCSOFT(2016). 게임과 AI #6. 음성 인식 기술.
https://about.ncsoft.com/news/article/게임과-ai-6-음성-인식-기술

Shezi, M., & Ade-Ibijola, A.(2020). Deaf Chat: A speech-to-text communication aid for hearing deficiency. *Advances in Science, Technology and Engineering Systems Journal, 5*(5), 826-833.

04
수화 인식과 번역 기술

수화는 청각장애인이 의사소통하는 중요한 수단이지만, 비수화 사용자와의 소통에는 여전히 많은 제약이 따른다. AI 기반 수화 인식 및 번역 기술은 이러한 장벽을 극복하기 위해 개발되었으며, 컴퓨터 비전과 자연어 처리(NLP)를 활용해 손동작과 표정을 분석하고 이를 텍스트나 음성으로 변환한다. 최근 AI와 머신러닝 기술이 발전하면서 수화 인식 시스템의 정확도가 크게 향상되었고, 실시간 번역 기능이 다양한 환경에서 적용되고 있다.

AI와 사주?

수화 인식 기술의 원리와 발전 과정

수화 인식 기술은 AI, 컴퓨터 비전, 자연어 처리를 결합해 구현된다. AI 기반 수화 인식 시스템은 카메라나 센서를 통해 손의 움직임과 얼굴 표정을 감지하고, 이 데이터를 분석해 특정 단어나 문장으로 변환한다(구민재, 2019). 초기 수화 인식 시스템은 제한된 수의 단어만 인식할 수 있었으나, 최근 딥러닝 기술이 발전하면서 문장의 문맥과 감정까지 인식할 수 있는 단계로 진화했다.

기존 시스템은 고정된 환경에서만 사용 가능했으나, 최근 스마트폰 카메라와 웨어러블 기기를 통해 실시간으로 이동 중에도 수화를 인식할 수 있는 시스템이 등장했다. 스마트폰 앱이 카메라로 사용자의 손동작을 실시간으로 감지해 이를 음성이나 텍스트로 변환할 수 있다. 나아가 얼굴의 표정과 몸짓까지 포함한 다차원 데이터를 처리할 수 있게 되면서, 단순한 단어 전달을 넘어 사용자의 감정 표현까지 가능해졌다.

최근 연구는 더욱 발전된 기술인 AR을 활용한 수화 인식 시스템 개발에 집중하고 있다. 사용자가 스마트 글라스를 착용하면 눈앞에 실시간으로 번역된 텍스트가 나타나거나, 상대방의 수화가 즉시 음성으로 번역되어 전달될 수 있는 기술이 연구되고 있다. 또한 데이터 증강

기법을 이용한 수화 데이터의 부족 문제 해결과 고해상도 3D 카메라를 통한 수화 인식 정확도 향상 연구가 진행 중이다(이동욱 외, 2023). 더 나아가 실시간 피드백 시스템을 활용해 사용자의 수화 표현을 학습하고 즉각적으로 정확도를 개선할 수 있는 시스템 개발도 추진되고 있다. 이러한 기술 발전은 청각장애인과 비장애인의 소통의 장벽을 크게 낮출 것으로 기대된다.

최근에는 표정, 눈썹의 움직임, 몸짓 등을 분석하는 감정 인식 AI가 접목되어 사용자의 정서 상태를 수화 번역에 반영하는 기술도 개발되고 있다. 이는 정보만 전달하는 데에 그치지 않고 대화 상대의 정서를 더욱 명확히 이해하고 공감할 수 있게 하는 중요한 발전이다. 또한 다양한 조명 환경이나 움직임에도 강건한 인식을 보장하는 기술 연구도 활발히 진행되고 있다. 머신러닝 기반의 적응형 시스템을 통해 사용자 특성에 따라 수화 인식의 정확도를 지속적으로 개선하는 연구 역시 주목받고 있다.

주요 응용 사례와 활용 환경

수화 인식 및 번역 기술은 다양한 분야에서 적극 활용되고 있다. 우선, 공공 서비스 분야에서는 수화 통역사의 부재를 보완하기 위해 AI 수화 번역 시스템을 적극 도입하고 있다. 은행, 병원, 관공서 등에서 청각장애인이 서비스를 이용할 때, 카메라가 탑재된 키오스크나 태블릿을 통해 실시간으로 수화 통역을 받을 수 있는 시스템이 운영 중이다.

교육 현장에서도 이 기술의 활용이 늘고 있다. 교실 내에서 AI 기반 수화 인식 시스템을 활용하면 청각장애 학생들이 교사의 발언을 즉시 텍스트로 이해하거나 음성으로 전달받을 수 있다. 최근에는 다양한 국가의 수화를 지원하는 글로벌 온라인 교육 플랫폼이 등장하면서, 청각장애 학생들의 국제적 교육 접근성이 획기적으로 개선되고 있다.

비즈니스 환경에서도 수화 인식 기술이 점차 필수적이 되고 있다. 청각장애인을 고용한 기업들은 회의, 세미나, 고객 응대 상황에서 AI 수화 번역 시스템을 사용해 업무 소통의 효율성을 높이고 있다. 특히 다국적 기업에서는 여러 언어와 수화를 동시에 지원하는 다중 언어 수화 번역 시스템을 활용해 글로벌 커뮤니케이션 문제를 효과적으로 해결하고 있다.

문화 예술 분야에서도 AI 기반 수화 인식 기술이 흥미롭게 활용되고 있다. 공연장에서 연극이나 콘서트의 내용을 실시간으로 수화로 번역하거나, 관객의 수화를 실시간 음성이나 텍스트로 변환해 비장애인 관객과의 소통을 촉진하는 프로그램이 운영되고 있다. 이를 통해 청각장애인의 문화 참여 기회가 크게 확대되고 있다. 이 밖에도 스포츠 경기나 전시회 같은 다양한 이벤트 현장에서도 실시간으로 수화 번역이 이루어지며, 청각장애인의 더욱 활발한 사회적 참여를 유도하고 있다.

더불어 최근에는 여행과 관광 분야에서도 수화 인식 기술이 도입되어 청각장애인이 해외여행이나 관광지 방문 시 더욱 편리하게 정보를 얻을 수 있게 지원하고 있다. 스마트폰 앱을 통해 현지 수화를 실시간 번역하거나 관광 안내소에서 AI 기반의 수화 안내 시스템을 제공하는 사례도 늘고 있다. 이러한 응용 사례는 수화 인식 기술이 다양한 생활 영역에서 청각장애인의 삶의 질을 실질적으로 향상시키고 있음을 보여 준다.

수화 인식 기술의 미래 전망

수화 인식 기술은 지속적인 기술 혁신과 연구 개발을 통해 앞으로 더욱 정교하고 실질적인 사회적 활용이 가능해질 것으로 기대된다. 특히 최근 인공지능, 딥러닝, 빅데이터 및 컴퓨터 비전 기술이 빠르게 발전하면서, 기존의 수화 인식 한계를 넘어 더욱 정확한 번역과 사용자 맞춤형 서비스가 가능해지고 있다(김건우, 2024). 지금까지의 수화 인식 시스템이 주로 표준화된 수화 표현에 초점을 맞추었다면, 앞으로는 개인의 손 움직임의 미세한 차이, 표정, 몸짓까지 실시간으로 분석해 더욱 자연스러운 의사소통이 이루어질 수 있도록 발전할 것이다.

미래의 수화 인식 기술은 다양한 하드웨어 및 소프트웨어와 융합하면서 일상생활에 더욱 깊숙이 자리 잡을 것이다. 특히 스마트 웨어러블 기술과의 결합은 수화 번역 기술을 혁신적으로 변화시킬 주요 분야다. 스마트 글러브와 같은 웨어러블 장치는 손가락 관절의 미세한 움직임, 압력, 손바닥의 각도 변화 등 세부적인 데이터를 실시간으로 감지해 더욱 정밀하고 자연스러운 수화 번역을 가능하게 할 것이다(왕한호 · 김민호, 2017). 최근 연구 사례를 보면, 스마트 글러브는 이미 상당한 수준의 정확도를 보여 주고 있으며, 앞으로 상용화 단계로 접어들면 청각장애인의 소통 방식에 실질적 변화를 줄 것으로 보인다.

이와 함께 AR 기술과의 결합 또한 큰 잠재력을 갖고 있다. AR 기반 스마트 글래스는 현실 세계의 수화를 실시간으로 인식해 화면상에 텍스트나 음성으로 즉각 번역된 정보를 제공할 수 있다. 공공장소나 병원, 직장 등에서 수화 통역사의 즉각적인 지원이 불가능할 때에도 스마트 글래스를 통해 효과적으로 소통이 이루어질 수 있을 것이다. 이러한 시스템은 특히 청각장애인의 사회적 활동 범위를 크게 확장시키며, 독립적인 생활과 원활한 업무 환경 구축에도 긍정적인 영향을 미칠 것이다(이대휘, 2015).

수화 인식 기술이 더욱 효과적으로 발전하기 위해서는 데이터 수집과 AI 학습 환경을 보다 체계적으로 구축할 필요가 있다. 현재까지 AI 기반 수화 번역 모델들이 사용하는 데이터는 대부분 표준 수화에 집중되어 있어, 지역적 방언이나 개인의 표현 특성을 반영하지 못하는 한계를 갖고 있다. 앞으로는 다양한 연령대, 지역, 문화적 배경에서 수집된 데이터를 더욱 폭넓게 확보해 AI 모델의 성능과 범용성을 높여야 한다. 이러한 데이터셋의 확보는 AI가 실제 사용 환경에서 보다 정확한 결과를 도출하는 데 필수적인 요소가 될 것이다.

그러나 AI 수화 인식 시스템이 완벽하게 정확한 결과를 제공하는 것은 현실적으로 어려운 부분도 있다(한국전자통신연구원, 2013). AI 시스템은 복잡한 문맥이나 미묘한 감정 표현을 완전히 파악하지 못하는 경우가 존재하기 때문에, 중요한 상황에서는 인간 통역사의 역할이 여전히 필요하다. 따라서 앞으로는 AI와 인간 통역사가 서로 보완적인 협력 관계를 이루는 시스템이 구축될 것으로 기대된다. AI가 실시간으로 기본적인 통역을 수행하고, 인간 통역사가 시스템의 오류나 복잡한 의사소통 상황을 감독하거나 보완함으로써 전반적인 신뢰성과 정확성을 크게 높일 수 있을 것이다.

향후 기술 발전 방향은 감정 인식 기술과 생체 데이터 분석 기술까지 융합해 발전할 가능성이 높다. 수화는 손 동작뿐 아니라 얼굴 표정과 몸짓을 통해 미묘한 감정과 뉘앙스를 표현하기 때문에, 감정 분석 AI가 함께 작동하면 더욱 정밀한 의사소통이 가능할 것이다. 예컨대 카메라를 통해 사용자의 표정을 실시간으로 분석해 상대방의 감정 상태나 건강 상태를 함께 전달해 주는 서비스가 개발될 수도 있다. 이는 특히 의료 현장이나 상담 서비스와 같은 상황에서 큰 효과를 발휘할 것으로 예상된다.

이러한 혁신적인 기술의 지속적인 발전과 함께 중요한 것은 접근성이다. 기술이 발전하더라도 실제로 이를 필요로 하는 모든 청각장애인이 경제적 부담 없이 사용할 수 있어야 한다. 대부분의 수화 인식 기술은 민간 기업 주도로 개발되고 있으며, 공공기관이나 교육기관에서의 도입률은 아직 낮다. 따라서 정부와 기업 차원에서 기술 보급을 촉진하기 위한 재정적 지원, 보조금, 기기 대여 시스템과 같은 사회적 지원 정책도 함께 마련되어야 한다. 이러한 기술적, 정책적 지원이 통합적으로 이루어질 때, 수화 인식 기술은 단순한 의사소통 보조 도구를 넘어 청각장애인의 삶 전체를 실질적으로 변화시키는 핵심 기술로 자리 잡게 될 것이다.

참고문헌

구민재(2019). 딥러닝을 이용한 한국수화언어 통역 시스템 설계 및 구현. 한국방송통신대학교 석사학위논문.

김건우(2024). 기계학습과 RGB 영상처리를 이용한 수어 동작 인식 방안. 조선대학교 석사학위논문.

이대휘(2015). 동작 인식 장치 Leap Motion을 이용한 실시간 수화 번역 솔루션. 중소기업기술정보진흥원 연구보고서.

이동욱 외(2023). 실시간 수어 AI 번역 프로그램 구현. ≪한국디지털콘텐츠학회 논문지≫, 24(10), pp.2585-2591.

왕한호 · 김민호(2017). 딥러닝 기반의 수화 및 음성 번역을 위한 청각장애인용 웨어러블 디바이스. 대한민국특허청.

한국전자통신연구원(2013). ECOsight 기반의 미래기술 전망. 한국전자통신연구원 보고서.

05
청각장애인을 위한 교육 혁신

청각장애 학생들은 기존 교육 환경에서 의사소통의 어려움을 겪으며 정보 접근성의 한계를 경험해 왔다. 이에 따라 인공지능, 실시간 음성 변환, 수화 인식 및 번역 기술 등의 발전이 교육 혁신의 핵심 요소로 떠오르고 있다. AI 기반 학습 도구와 맞춤형 교육 플랫폼이 개발되면서 청각장애 학생들에게 더 효과적이고 포용적인 학습 환경이 제공되고 있다. 청각장애인을 위한 교육 혁신의 필요성과 AI 기반 교육 기술, 그리고 미래 발전 방향을 중심으로 정리했다.

AI와 아이돌?

청각장애 학생을 위한 교육 혁신의 필요성

청각장애 학생들은 강의 중 교사의 설명을 듣지 못하거나, 그룹 토론과 같은 학습 활동에서 원활하게 참여하기 어려운 경우가 많다. 전통적인 교육 방식에서는 청각장애인을 위한 별도의 보조 수단이 부족해 학습 격차가 발생하는 문제가 지속되어 왔다(Brackett, 1997; Safder et al., 2012). 특히 수업 중 제공되는 구두 설명을 이해하지 못하는 경우 학습 성취도가 낮아질 수 있으며, 이는 결국 고등 교육과 직업 선택의 기회를 제한하는 결과를 초래할 수 있다.

이에 따라 교육 환경에서 청각장애 학생들을 효과적으로 지원하기 위한 혁신적인 방법이 요구된다(최상배 · 이한나, 2015). 첫째, 실시간 자막 및 수화 번역 기술을 도입해 강의 내용을 즉각적으로 제공하는 것이 중요하다. 둘째, AI 기반 맞춤형 학습 시스템을 활용해 학생 개개인의 학습 패턴과 요구에 맞춘 교육이 가능해야 한다. 셋째, 청각장애 학생들이 수업을 보다 쉽게 이해할 수 있도록 시각적 자료와 멀티미디어 콘텐츠를 적극 활용하는 것이 필요하다. 또한 청각장애 학생들이 비장애 학생들과 동등한 수준의 학습 경험을 할 수 있도록 교사 및 학부모를 대상으로 한 인식 개선과 교육 프로그램 제공이 필요하다. 이를 통해 청각장애 학생들이 보다 자신감을 갖고 적극적으로 학습에 참여할 수 있는 환경이 조성될 수 있다.

추가적으로, 학교 내 지원 교사의 배치 및 청각장애 학생들을 위한 개별 상담과 멘토링 프로그램을 도입해 정서적, 사회적 지원을 강화해야 한다. 또한 교사와 학교 직원들이 청각장애 학생의 특성과 요구 사항을 정확히 이해하고 적절히 대응할 수 있도록 전문적인 교육과 연수를 제공해야 한다(최성규, 2010). 교육 환경에서 청각장애 학생과 비장애 학생 간 상호작용을 촉진하기 위한 통합 교육 프로그램을 개발해 학생들 간의 협력과 공감을 장려하는 것도 중요하다. 기술이 아무리 정교하더라도, 교사가 AI 자막이나 수화 번역 기능을 수업 설계에 어떻게 반영하느냐에 따라 효과가 크게 달라진다. 청각장애 학생을 위한 수업 자료의 시각화, 속도 조절, 자막 동기화 전략 등은 교사의 디지털 리터러시 교육과 제도적 지원 없이는 지속되기 어렵다.

나아가 지역사회 및 기업과의 협력을 통해 다양한 체험 활동 및 직업 체험 프로그램을 제공하고, 청각장애 학생들이 미래의 진로를 미리 탐색하고 준비할 수 있는 기회를 확대하는 것이 필요하다. 또한 학부모를 위한 지원 시스템을 구축해 자녀의 교육을 효과적으로 지원할 수 있도록 돕고, 가정에서도 일관성 있는 교육 지원이 이루어질 수 있도록 해야 한다(Volpato et al., 2018).

이러한 다양한 접근을 통해 청각장애 학생들이 학습뿐만 아니라 학교 생활 전반에서 발생할 수 있는 다양한 어려움을 효과적으로 극복할 수 있도록 돕는 것이 중요하다. 청각장애인을 위한 교육 혁신은 단순한 기술 도입을 넘어, 포용적인 학습 환경을 구축하고 교육 기회를 확대하는 방향으로 이루어져야 한다.

AI 기반 교육 기술과 주요 응용 사례

AI 기술은 교육 환경에서 청각장애 학생들의 학습 경험을 개선하는 데 중요한 역할을 하고 있다. 특히 실시간 음성 변환, AI 기반 수화 인식, 맞춤형 학습 추천 시스템 등 다양한 기술이 교육 현장에서 활용되고 있다.

첫째, 실시간 자막 및 음성 변환 기술은 강의 내용을 실시간으로 텍스트로 변환해 청각장애 학생들이 강의를 보다 쉽게 이해할 수 있도록 돕는다. 구글의 라이브 트랜스크라이브, 마이크로소프트의 애저 스피치 투 텍스트와 같은 서비스는 강의실에서 실시간으로 자막을 생성해 청각장애 학생들에게 제공하고 있으며, 특히 과학이나 전문 용어가 많은 강의에서도 높은 정확도를 보이고 있다. 최근에는 다국어 지원 기능이 추가되어 국제 학생들도 활용 가능하며, 다양한 언어로 제공되는 강의에서도 실시간 자막 지원을 받을 수 있게 되었다.

둘째, AI 기반 수화 번역 기술은 수화 사용자들이 수업 중에도 효과적으로 학습할 수 있도록 지원한다. 사인올(SignAll)과 같은 시스템은 강사의 발화를 실시간으로 수화로 변환하거나 수화로 입력한 질문을 음성이나 텍스트로 전달해 상호작용을 촉진한다. 최근에는 AI 아바타를 활용해 더욱 자연스럽고 친근한 수화 통역을 제공하는 기술도 등장하고 있다. 아울러 스마트 글러브와 같은 웨어러블 디바이스와 결합해 정확성을 높이고 실시간 번역 기능을 더욱 강화하는 방향으로 발전하고 있다.

셋째, 맞춤형 AI 학습 플랫폼은 개별 학생의 학습 데이터를 분석해 개인화된 학습 경험을 제공한다. 예컨대 학생의 학습 속도와 이해 수준에 따라 AI가 자동으로 콘텐츠를 조정하고, 학생이 부족한 영역을 집중적으로 학습할 수 있도록 지원하는 방식이다(옥민욱 외, 2024). 최근에는 학습 데이터 분석 기술이 발전해 학생들의 학습 성취도를 더욱 정밀하게 예측하고, 학습에 어려움을 겪을 가능성이 있는 학생을 조기에 파악해 개별적인 추가 지원을 제공하는 기능까지 추가되고 있다.

최신 기술 동향을 보면, AI와 VR, AR 기술을 결합한 몰입형 학습 시스템이 빠르게 발전하고 있다. 청각장애 학생들이 가상 환경에서 실제와 유사한 경험을 통해 더욱 직관적으로 개념을 학습할 수 있는 프로그램이 개발되고 있다. 또한 인공지능 기반의 학습 지원 챗봇이 등장해 학생들이 강의 후에도 언제든지 필요한 정보를 얻고 질문에 대한 답변을 받을 수 있도록 지원한다. 음성 데이터를 기반으로 한 감정 인식 기술까지 교육 환경에 도입되어, AI가 청각장애 학생의 정서적 상태를 분석하고, 필요한 경우 교사에게 학생의 심리적 지원 필요성을 알려주는 시스템도 시도되고 있다. 이러한 AI 기반 기술의 확장은 궁극적으로 학생 개개인의 정서적, 사회적 요구까지 고려해 맞춤형 교육을 제공하는 수준으로 진화하고 있다.

이처럼 AI 기술의 발전은 청각장애 학생들에게 보다 효율적인 학습 기회를 제공하며, 교육 환경을 더욱 포용적이고 혁신적인 방향으로 변화시키고 있다. 앞으로도 다양한 분야의 최신 기술이 교육 현장에 도입되어, 청각장애 학생들이 더욱 적극적으로 학습에 참여하고 잠재력을 극대화할 수 있도록 지속적인 지원과 연구가 이루어져야 한다.

미래 교육 혁신 방향

AI 기반 교육 기술은 지속적으로 발전하고 있으며, 앞으로 청각장애 학생들을 위한 학습 환경이 더욱 개선될 것으로 기대된다. 특히 AI와 AR/VR 기술을 접목한 교육 혁신이 새로운 학습 방식을 창출할 것으로 예상된다.

첫째, AI와 AR/VR 기반 교육 시스템이 청각장애 학생들의 학습 접근성을 크게 향상시킬 것이다. VR 기술을 활용한 가상 교실에서는 강의 내용을 3D 애니메이션과 시각적 자료를 통해 더욱 효과적으로 전달할 수 있다. 또한 AI 기반 아바타를 활용한 수화 통역 서비스가 도입되면 실시간으로 강의 내용을 수화로 변환해 제공할 수 있게 될 것이다.

둘째, 음성 데이터 및 수화 데이터를 활용한 AI 학습 모델 개선이 필요하다. 현재 AI 수화 인식 및 번역 기술은 주로 표준 수화를 기반으로 개발되고 있지만, 다양한 방언과 사용자 특성을 반영하기 위해 보다 많은 학습 데이터가 필요하다. 또한 실시간 음성 변환 기술이 모든 억양과 발음을 정확히 인식하도록 고도화하는 것이 필요하다.

셋째, 포용적 교육 환경 조성을 위한 제도적 지원 강화가 필수적이다. 청각장애 학생들이 최신 AI 교육 기술을 활용할 수 있도록 교육기관과 정부 차원에서 적극적으로 지원해야 한다(김선애 · 최성규, 2009). 특히 AI 기반 보조 기술이 경제적 이유로 인해 일부 학생들에게만 제공되는 것이 아니라 모든 학생에게 제공되어 동등한 교육 기회를 누릴 수 있도록 해야 한다.

넷째, 청각장애 학생들의 디지털 문해력과 기술 활용 능력을 강화하기 위한 교육 과정이 마련되어야 한다(권정민 · 이영선, 2020). 학생들이 스스로 AI 기반의 보조 기술을 이해하고 효율적으로 활용할 수 있는 능력을 키우기 위해, 학교 차원의 체계적인 교육 프로그램과 훈련이 이루어져야 한다. 이를 통해 학생들이 장기적으로 변화하는 기술 환경에 능동적으로 적응하고 주도적으로 학습할 수 있도록 돕는다.

다섯째, AI를 활용한 데이터 기반 교육 정책 수립이 요구된다. 학생의 학습 데이터를 철저히 분석해 청각장애 학생들의 학습 성취도와 만족도를 정기적으로 평가하고 이에 따른 맞춤형 지원 정책을 수립할 필요가 있다. 이는 장기적으로 학생 개개인의 교육 성과를 극대화할 수 있으며, 교육 격차를 최소화하는 데 기여할 것이다(Baglama et al., 2018).

여섯째, 글로벌 협력과 연구 네트워크 구축이 중요하다. 전 세계적으로 청각장애 학생을 위한 AI 기반 교육 혁신 사례와 연구 성과를 공유하고 협력함으로써 보다 효과적인 교육 전략과 기술 발전 방향을 모색할 수 있다. 이를 통해 국내뿐 아니라 글로벌 차원의 혁신적이고 표준화된 접근 방식을 도입해 보다 포괄적인 교육 솔루션을 구축할 수 있을 것이다.

일곱째, 지속 가능한 기술 발전과 환경 조성이 필요하다. 단순히 기술을 도입하는 것만으로는 교육 혁신이 지속될 수 없기 때문에, 교육기관 및 기업들이 기술 개발 초기 단계부터 사용자 중심의 접근 방식을 채택하고, 청각장애 학생들의 실제 학습 환경에서 지속 가능한 방식으로 적용될 수 있도록 하는 것이 중요하다. 이를 위해 사용자 참여형 기술 개발 방식을 통해 피드백을 즉각적으로 반영하고 개선하는 접근이 필요하다.

이러한 방향을 구체적으로 제시하고 추진할 때, AI 기반 교육 혁신은 청각장애 학생들의 학습 기회를 확대하고, 보다 포용적이며 효율적인 교육 환경을 제공할 수 있을 것이다.

참고문헌

권정민 · 이영선(2020). 장애인을 위한 인공지능 활용 동향. ≪한국초등교육≫, 31(특집), pp.187-202.

김선애 · 최성규(2009). 청각장애아동 통합교육의 실태와 문제점 및 개선방안에 대한 연구. ≪특수교육 저널: 이론과 실천≫, 10(4), pp.471-490.

옥민욱 외(2024). 특수교사의 장애학생을 위한 인공지능교육 경험과 인식. ≪특수교육교과교육연구≫, 17(1), pp.97-120

최상배 · 이한나(2015). 미국 청각장애학생 통합교육 지원과 시사점. ≪한국청각언어장애교육연구≫, 6(1), pp.1-18.

최성규(2010). 우리나라 청각장애학생 교육의 과제와 전망. ≪한국청각언어장애교육연구≫, 1(1), pp.1-21.

Baglama, B., et al.(2018). Technologies used in education of hearing impaired individuals. *International Journal of Emerging Technologies in Learning (Online), 13*(9), p.53.

Brackett, D.(1997). Intervention for children with hearing impairment in general education settings. *Language, speech, and hearing services in schools, 28*(4), pp.355-361.

Safder, M., et al.(2012). Problems faced by students with hearing impairment in inclusive education at the university level. *Journal of Research and Reflections in Education*, 6.

Volpato, L., et al.(2018). Teaching the national written language to deaf students: A new approach. In Computers Helping People with Special Needs: 16th International Conference, ICCHP 2018, Linz, Austria, July 11-13, 2018, Proceedings, Part I 16 (pp.163-171). Springer International Publishing.

06
의료 기술과 청각 보조 장치

청각장애를 가진 사람들에게 의료 기술과 청각 보조 장치는 삶의 질을 획기적으로 향상하는 중요한 요소다. 기존의 보청기와 인공와우 기술은 지속적인 발전을 거듭하며 더 높은 성능과 편의성을 제공하고 있으며, AI와 결합한 스마트 청각 보조 장치도 등장하고 있다. 맞춤형 음향 조절, 소음 제거 기능, 실시간 번역 및 연결성을 지원하는 AI 기반 기술이 청각장애인을 위한 의료 솔루션으로 자리 잡고 있다. 청각 보조 장치의 발전 과정과 최신 의료 기술, 그리고 미래 전망을 중심으로 정리했다.

AI와 야구?

청각 보조 장치의 발전 과정과 현재 기술

청각 보조 장치는 청각장애인을 위한 핵심적인 의료 기기로, 대표적으로 보청기(Hearing Aids)와 인공와우(Cochlear Implants)가 있다(김명희, 1997; 이준헌 외, 2025). 이 장치들은 단순히 소리를 증폭하는 기능에서 시작해 AI 기술과 결합하면서 더욱 정밀하고 개인 맞춤형으로 발전하고 있다.

보청기는 초기 아날로그 방식에서 디지털 방식으로 전환되면서 소음 제거, 음향 조절, 다중 환경 최적화 등의 기능을 제공하기 시작했다. 최신 디지털 보청기는 AI 기반 알고리즘을 통해 주변 환경을 분석하고, 사용자의 청취 습관에 따라 자동으로 음향을 조정할 수 있다. 대표적인 예로 스타키(Starkey Livio AI) 보청기는 AI를 활용해 청력 보호뿐만 아니라 심박수 모니터링과 같은 건강 관리 기능까지 제공한다(김경식, 2019).

최근 보청기의 기술 발전은 무선 연결성과 스마트 기기와의 통합 기능을 중심으로 이루어지고 있다. 블루투스 연결을 통해 보청기를 스마트폰과 연결해 사용자가 직접 소리의 크기와 음향 환경을 실시간으로 조정할 수 있다. 또한 보청기 앱을 통해 사용자의 청력 데이터를 수집하고, 이를 분석해 개인 맞춤형 청각 솔루션을 제공한다. 최근에는 GPS와 연동해 장소별 맞춤형 설정을 자동으로 제공하는 기능까지 등장하고 있다.

인공와우 기술은 내이의 신경을 직접 자극해 소리를 인식하도록 돕는 기술로, 청력이 손실된 사람들에게 혁신적인 변화를 가져왔다(오승하, 2018). 초기 인공와우는 수술적 삽입 과정이 복잡하고 제한적인 청각 정보를 제공하는 단점이 있었으나, 기술이 발전하면서 보다 정밀한 신경 자극과 자연스러운 음성 인식을 지원하는 방향으로 나아가고 있다. 특히 최근 인공와우 시스템은 AI와 딥러닝 기술을 적용해 사용자가 더욱 선명하고 자연스러운 소리를 경험할 수 있도록 발전하고 있다.

인공와우는 외부 소리를 마이크를 통해 받아들인 후, 이를 디지털 신호로 변환해 전기적 자극으로 내이의 청신경에 전달하는 방식으로 작동한다(진인숙, 2006). 최신 인공와우 기술은 이러한 과정에서 환경 소음과 언어를 구별해 주요 음성을 선명하게 전달할 수 있도록 AI 기반 음성 처리 기술을 적용하고 있다. 예컨대 메델(MED-EL)이나 코클리어(Cochlear)와 같은 주요 제조사들은 기계학습 알고리즘을 통해 사용자의 일상 환경에서 지속적으로 데이터를 수집하고 학습함으로써, 시간이 지날수록 개인화된 음향 경험을 제공한다.

이와 더불어 인공와우 시스템은 최근 스마트폰이나 태블릿과 같은 모바일 기기와의 연동 기능도 강화되었다(김현돈, 2022). 이를 통해 사용자들은 실시간으로 음향 설정을 변경하거나, 전화 통화나 음악 감상 등 일상적인 활동에서 보다 편리하게 인공와우를 사용할 수 있게 되었다.

또한 최근 연구에서는 인공와우가 제공하는 청각 정보의 질을 향상시키기 위해 뇌-기계 인터페이스(BMI, Brain-Machine Interface) 기술을 활용하는 연구도 진행되고 있다(Yoshimine et al., 2013). BMI 기술은 인공와우 시스템이 뇌의 청각 중추에서 발생하는 신경 활동을 실시간으로 감지하고 이를 분석해 청각 정보를 더욱 정밀하게 제공하는 방식으로 보다 자연스러운 청취 경험을 목표로 하고 있다.

이처럼 보청기와 인공와우 기술은 AI 및 다양한 디지털 기술과 융합하면서 청각장애인을 위한 더욱 정밀하고 개인 맞춤형의 청각 지원 솔루션으로 빠르게 발전하고 있다. 앞으로 기술의 고도화를 통해 더욱 자연스럽고 명확한 소리 전달이 가능해지고, 사용자의 삶의 질 향상에 크게 기여할 것으로 기대된다.

AI 기반 스마트 청각 보조 장치와 최신 의료 기술

AI 기술이 접목된 청각 보조 장치는 단순히 소리를 증폭하는 역할을 넘어 주변 환경을 분석하고 사용자 맞춤형 청취 환경을 제공하는 단계로 발전하고 있다(권혁준 외, 2022). 스마트 보청기와 AI 기반 인공와우 기술이 대표적인 사례로, 최근 의료 기술과 결합하면서 청각장애인들에게 새로운 가능성을 열어 주고 있다.

스마트 보청기는 기존 보청기보다 더욱 정밀한 음향 처리가 가능하며, AI 알고리즘을 활용해 실시간으로 소리를 조절한다. 필립스 히어링 솔루션은 사용자의 위치와 환경을 인식하고 자동으로 볼륨과 주파수를 조정하는 기능을 제공한다. 이러한 기술을 통해 사용자들은 소음이 심한 환경에서도 대화를 명확하게 들을 수 있으며, 개별 청각 패턴에 맞춰 최적의 음향 경험을 제공받을 수 있다.

인공와우 기술에서도 AI가 중요한 역할을 하고 있다. 최신 AI 기반 인공와우는 사용자의 신경 반응을 실시간으로 분석해 가장 적합한 소리 신호를 제공하는 방식으로 발전하고 있다. 특히 사용자의 학습 패턴을 분석하고 지속적으로 피드백을 받아 최적의 소리를 제공하는 적응형 음성 처리 기술이 주목받고 있다. 이러한 기술은 특히 음성 이해도가 낮은 사용자를 위한 보조 기능으로 활용되며, 보다 자연스러운 음성 경험을 제공하는 데 도움을 주고 있다.

또한 최근 의료 기술의 발전과 함께 AI 기반 청각 보조 장치는 사용자의 건강 데이터를 분석해 추가적인 건강 관리 기능까지 수행한다. 스타키의 리비오 AI(Livio AI) 보청기는 사용자의 심박수와 운동량을 모니터링하며, 넘어짐 감지와 같은 긴급 상황을 실시간으로 인식해 보호자에게 알림을 전송하는 기능까지 제공한다. 이처럼 스마트 보청기는 청력 보완을 넘어 사용자의 전반적인 건강을 관리하는 웨어러블 의료 장치로 발전하고 있다.

웨어러블 기술과의 연동도 주목받고 있는 분야다. 스마트폰과 스마트워치 등 모바일 기기와 연동된 스마트 보청기는 사용자가 직접 음향 설정을 손쉽게 변경할 수 있을 뿐 아니라 전화 통화, 음악 감상, 음성 명령 등 다양한 기능을 손쉽게 이용할 수 있도록 지원한다. 애플의 에어팟 프로(AirPods Pro)와 같은 무선 이어폰 기술이 보청기 기술과 융합되어 일반 사용자에게도 접근성이 높은 형태로 발전하는 사례도 나타나고 있다.

최근 연구에서는 AI 기반 음성 인식 기술과 실시간 번역 기술이 보청기와 결합하면서 글로벌 커뮤니케이션 장벽을 해소하는 데도 기여하고 있다. 사용자가 듣는 외국어 대화를 실시간으로 자국어 텍스트로 변환해 보청기를 통해 전달하는 기술은 국제 업무나 여행, 교육 등 다양한 상황에서 매우 유용하게 활용되고 있다.

또 다른 의료 기술로는 청각장애 진단 및 청력 평가 기술의 발전이 있다. AI가 적용된 진단 기술은 청력 손상의 정도와 패턴을 빠르게 분석하고, 개인 맞춤형 보조 장치 추천 및 최적의 설정 값을 자동으로 제시할 수 있다. 이는 초기 청력 손실 단계에서부터 효과적인 치료와 관리가 가능하도록 돕는다.

이와 함께 AI 기반의 청력 재활 프로그램도 등장하고 있다. 사용자의 청각 데이터를 지속적으로 분석하고 학습해 개인별로 최적화된 청력 훈련 프로그램을 제공한다. 이를 통해 보조 장치를 사용하는 기간 동안 청각 능력을 최대한 복구할 수 있도록 지원한다.

AI 기술과 최신 의료 기술이 결합한 스마트 청각 보조 장치는 청각장애인의 삶의 질을 크게 향상시킬 것으로 기대된다. 앞으로도 지속적인 기술 발전과 의료 혁신을 통해 더욱 다양한 기능과 접근성을 가진 보조 장치가 개발될 것이며, 청각장애인들이 일상생활과 사회 참여에서 겪는 장벽을 효과적으로 극복할 수 있도록 기여할 것이다.

미래 청각 의료 기술과 발전 방향

청각 보조 장치와 의료 기술은 앞으로 더욱 정밀하고 맞춤형으로 발전할 것으로 기대된다. 특히 AI와 생체 신호 분석 기술이 결합되면서 개별 사용자에 최적화된 청각 솔루션이 가능해지고 있다.

첫째, 뇌-기계 인터페이스 기술이 발전하면서 인공와우를 뛰어넘는 신경 인터페이스 기반 청각 보조 장치가 개발될 것으로 보인다. 이 기술은 인간의 신경망과 직접 연결되어 뇌에서 직접 소리를 처리할 수 있도록 돕는 방식으로 기존 인공와우의 한계를 극복할 수 있다. 최근 연구에서는 신경 신호를 정밀하게 감지하고 해석할 수 있는 초소형 전극 기술과 AI 기반 신호 처리 시스템이 개발되고 있어, 청각 신경과 뇌와의 통신 효율성을 더욱 높일 것으로 기대된다.

둘째, 유전자 치료 및 재생 의료 기술이 청각장애 치료의 새로운 대안으로 떠오르고 있다. 과학자들은 손상된 청각 세포를 재생하는 줄기세포 치료법과 유전자 치료법을 연구하고 있으며, 이 기술이 실용화된다면 청각 보조 장치를 사용하지 않고도 청력을 복원할 수 있는 가능성이 열린다. 최근 미국 하버드 의대 연구팀은 특정 유전자를 표적으로 하는 유전자 편집 기술(CRISPR)을 활용해 내이의 손상된 청각 세포를 재생시키는 실험에 성공했다. 이러한 기술이 상용화된다면 근본적인 청각 회복이 가능해지며, 청각장애 치료의 패러다임을 완전히 바꿀 것으로 전망된다.

셋째, AI와 빅데이터를 활용한 개인 맞춤형 청각 보조 장치가 더욱 발전할 것이다. 현재 대부분의 보청기와 인공와우는 표준 모델을 기반으로 하지만, 앞으로는 AI가 사용자의 청각 상태를 실시간으로 분석해 각 개인에 맞춘 최적의 청취 환경을 제공하는 방향으로 발전할 것이다. AI 기반의 머신러닝 모델이 개인의 일상적인 청취 환경을 지속적으로 학습하고, 사용자의 선호도와 청력 상태 변화에 따라 장치 설정을 자동으로 조정하는 시스템이 개발되고 있다(하승한 · 이상도, 2023). 이 기술은 사용자들이 소음이 많은 환경에서도 선명하고 편안한 청취 경험을 제공받을 수 있도록 지원한다.

넷째, 디지털 트윈(Digital Twin) 기술이 도입되어 청각 보조 장치의 효율성이 획기적으로 개선될 것으로 기대된다. 디지털 트윈은 가상 환경에서 개인의 청각 기능과 장치 성능을 정밀하게 시뮬레이션해 실제 착용 전에 미리 최적의 설정과 성능을 예측할 수 있게 해 준다. 이를 통해 사용자는 더욱 편안하고 정교한 청취 환경을 경험할 수 있으며, 청각 보조 장치의 시행착오와 적응 기간을 최소화할 수 있다.

다섯째, 웨어러블 기기와 스마트홈 기술과의 융합이 강화되면서 청각 보조 장치가 단순한 의료 기기를 넘어 일상 속에서 더욱 편리하게 활용될 것으로 전망된다. 가정 내 사물인터넷 센서와 연동해 방문자 알림, 긴급 상황 경고 등 실시간 환경 인식 기능을 제공하며, 보다 안전하고 독립적인 생활을 가능하게 할 것이다.

그러나 이러한 기술 발전과 함께 해결해야 할 과제도 있다. 우선 청각 보조 장치의 높은 비용 문제를 해결하고 보다 많은 사람들이 접근할 수 있도록 정부 차원의 지원이 필요하다. 또한 개인정보 보호 문제 역시 중요한 이슈로 떠오르고 있으며, AI 기반 청각 보조 장치가 사용자의 데이터를 수집하는 과정에서 보안성이 강화되어야 한다. 따라서 사용자의 민감한 건강 데이터를 안전하게 처리하고 관리하기 위한 데이터 암호화 및 보안 프로토콜이 더욱 강화될 필요가 있다.

의료 기술과 청각 보조 장치는 인공지능과 결합하면

서 더욱 정밀하고 맞춤형으로 발전하고 있으며, 앞으로는 보다 포괄적인 청각 복원 솔루션으로 자리 잡을 것으로 전망된다. 이러한 기술이 실용화되면서, 청각장애인은 더욱 자유롭게 사회적 활동을 할 수 있는 기회를 얻고, 더 나은 삶의 질을 누릴 수 있을 것이다.

참고문헌

권혁준 외(2022). 청각장애인을 위한 위험소리 분류 AI헤드폰 설계. ≪한국정보처리학회 학술대회논문집≫, 29(2), pp.284-284.

김명희(1997). 한국 보장구(재활공학)산엽의 역사와 발전 방안에 관한 고찰. ≪한국전문물리치료학회지≫, 4(3), pp.84-96.

김경식(2019). 청각장애인 의사소통 위한 보조공학기기들. 에이블뉴스. https://www.ablenews.co.kr/news/articleView.html?idxno=81986/

김현돈(2022). 청각장애인을 위한 인공지능 헤드폰 설계. ≪산업기술연구논문지≫, 27(4), pp.21-26.

오승하(2018). 인공 와우 이식의 적용. ≪임상이비인후과학회지≫, 29(1), pp.29-35.

이준헌 외(2025).Part 2. 전국 데이터를 이용한 우리나라 청각장애 및 보장구 현황: NHIS-데이터베이스, 2010 to 2020. ≪대한이비인후-두경부외과학회지≫, 68(3), pp.94-104

진인숙(2006). MED-EL 인공와우 시스템의 최신 기술. ≪청능재활≫, 2, pp.119-125.

하승한 · 이상도.(2023). 청능재활을 위한 AI 기반 음성신호의 특징 추출 및 분석. ≪아시아태평양융합연구교류논문지≫, 9(5),

pp.105–116.

Yoshimine, T., et al.(2013). Brain–machine interface (BMI) – application to neurological disorders. *Clinical neurology, 53*(11), pp.962–965.

07
사회적 포용과 접근성 향상

청각장애인이 사회의 일원으로 적극 참여하기 위해서는 물리적, 기술적 접근성을 넘어 사회적 포용이 뒷받침되어야 한다. 법적 보호와 제도적 지원이 강화되면서 장애인의 권리가 보장되고 있지만, 여전히 사회적 인식 개선과 실질적인 접근성 향상이 필요한 상황이다. AI 기반 기술이 발전하면서 청각장애인을 위한 맞춤형 서비스가 증가하고 있으며, 평등한 환경을 조성할 기회가 열리고 있다.

AI와 윤동주?

청각장애인의 접근성과 사회적 포용의 필요성

청각장애인의 접근성은 단순히 보조 기기나 기술적 지원만을 의미하는 것이 아니다. 교육, 직장, 공공시설, 미디어 등 다양한 사회적 영역에서 동등한 기회를 제공하고, 원활한 소통이 가능하도록 환경을 구축하는 것이 중요하다. 청각장애인이 겪는 사회적 차별과 장벽은 대부분 잘못된 인식과 정보 접근성 부족에서 비롯된다. 이 문제를 근본적으로 해결하기 위해서는 기술적 발전뿐만 아니라 사회 전반의 인식 변화가 병행되어야 한다(Napier & Leeson, 2016).

현재 정부의 '디지털 포용 정책'은 장애인을 주요 수혜 대상으로 삼고 있으나, 청각장애인 특화 지원은 여전히 부족하다. 시각장애인을 위한 AI 음성 안내 서비스는 지하철, 관공서 등에서 빠르게 확산되는 반면, 수화 인식 키오스크나 AI 자막 단말기는 대부분 시범사업 수준에 머물러 있다. 청각장애인은 다양한 분야에서 활약할 수 있는 잠재력을 지니고 있지만, 실시간 자막 서비스나 수화 통역 서비스가 제대로 제공되지 않는 곳에서는 이들의 능력 발휘가 어렵다. 공공기관이나 병원에서 긴급 상황이나 중요한 정보를 전달할 때, 적절한 수화 통역 서비스나 문자 안내가 없다면 정보 전달이 어려워 청각장애인에게 심각한 불이익을 초래할 수 있다. 또한 청각장애인 학생들이 학교에서 제대로 된 교육 환경을 제공받지 못한다면, 사회 진출 과정에서 지속적인 불평등에 처할 가능성이 높다.

이러한 문제를 극복하기 위해서 첫째로 필요한 것은 청각장애인들이 접근 가능한 정보 전달 시스템의 확대다. AI 기반의 실시간 음성 변환과 자막 생성 시스템은 이미 일부 미디어와 강의실에서 활용되고 있지만, 공공 서비스 전반에 걸친 더욱 광범위한 적용이 필요하다. 예컨대 지하철 안내 방송이나 버스 정류장의 안내 정보, 관공서 내 서비스 창구 등 일상 생활 전반에서 청각장애인을 위한 실시간 문자 정보 제공이 이뤄져야 한다.

둘째, 사회적 포용성을 높이기 위한 직장 내 환경 구축도 필수적이다(이형렬 · 신용석, 2024). 청각장애인은 종종 의사소통이 어려워 승진 기회에서 불이익을 받거나 중요한 업무 정보로부터 소외되는 상황에 처할 수 있다. 이를 예방하기 위해 AI 기반의 실시간 음성 변환 기술, 자동 자막 생성 시스템, 화상 회의 내 자막 서비스 등을 활용해 청각장애인이 업무 현장에서 동료들과 원활하게 소통할 수 있는 환경을 만들어야 한다. 또한 기업 차원에서 장애 인식 개선 교육을 실시해 비장애인 직원들이 장애인의 의사소통 방식을 이해하고 포용적인 자세를 갖추도록 돕는 것이 중요하다.

셋째로 필요한 것은 교육과 인식 개선을 통한 사회적 포용 확대다. 비장애인들이 청각장애인에 대한 이해를 높이기 위해서는 학교 교육에서부터 장애 인식 교육을 강화해야 한다. 또한 일반 시민을 대상으로 한 지속적인 장애 인식 캠페인을 실시해 청각장애인에 대한 잘못된 인식과 편견을 줄이고, 자연스럽게 사회의 일원으로 받아들이도록 유도할 필요가 있다.

법적, 제도적 지원과 지속적인 정책적 노력이 뒷받침되어야 한다. 장애인차별금지법, 정보 접근성에 대한 법률 및 제도의 강화, 장애인 고용 장려를 위한 정책 등 정부와 지방자치단체가 주도적으로 청각장애인을 위한 사회적 포용과 접근성 확대를 위한 정책을 수립하고 시행해야 한다. 또한 기업과 민간 부문에서도 이러한 정책에 적극 협력해 장애인의 사회 참여 기회를 확대하도록 독려할 필요가 있다(Haualand & Allen, 2009).

청각장애인을 위한 접근성과 사회적 포용은 단순히 장애인 당사자만을 위한 것이 아니라 사회 전체의 다양성과 포용성을 높여 모든 구성원의 삶의 질을 향상시키는 데 기여한다. 기술의 발전과 함께 인식 개선, 정책 지원, 제도적 기반 마련이 동시에 이루어질 때 비로소 청각장애인과 비장애인이 함께 공존하는 포용적 사회가 실현될 수 있을 것이다.

AI와 기술을 활용한 접근성 향상

기술 발전은 청각장애인의 사회적 접근성을 획기적으로 높이고 있다. 최근 주목받는 AI 및 첨단 기술은 보다 정교하고 편리한 접근성 솔루션을 제공하고 있으며, 청각장애인의 사회 참여를 촉진하는 중요한 수단으로 자리매김하고 있다.

첫째, AI 기반 환경 인지 기술이 적극적으로 활용되고 있다. 이는 청각장애인이 주변 환경에서 발생하는 중요한 소리 정보를 시각적 신호나 진동으로 변환해 제공하는 기술이다. 스마트 홈 시스템과 연동해 초인종 소리나 화재경보음을 스마트폰이나 스마트워치의 진동 및 화면 알림으로 전달하는 시스템이 활용되고 있다. 이러한 기술은 일상생활에서 청각장애인의 안전성과 편의성을 높이는 데 기여하고 있다.

둘째, 위치 기반 및 개인 맞춤형 정보 제공 기술이 발전하고 있다. AI를 이용한 실시간 위치 기반 알림 시스템은 청각장애인에게 이동 경로, 공공시설 접근 방법, 긴급 상황 등을 정확히 알려 준다. 공항이나 기차역과 같은 복잡한 공공장소에서도 청각장애인이 스마트폰 앱을 통해 최적의 이동 경로를 안내받고, 비상 상황 발생 시 즉시 경고 알림을 받을 수 있다.

셋째, AR과 VR 기술이 청각장애인의 접근성 향상과 사회적 참여에 기여하고 있다. AR 기반 실시간 수화 통역 기술은 공공장소나 직장에서 즉각적인 수화 통역사를 확보하기 어려운 상황에서도 효과적으로 소통할 수 있도록 돕는다. VR 기술은 가상 환경에서의 소통 훈련이나 직업 훈련 프로그램을 통해 청각장애인의 사회적 기술과 직무 역량을 높이는 데 기여한다.

넷째, 음성 인식 및 음성 합성 기술이 더욱 고도화되면서, 비장애인과의 소통 장벽을 최소화하는 다양한 도구들이 개발되고 있다. AI 기반 음성 인식 기술은 청각장애인의 발화 내용을 보다 정확히 인식해 음성 또는 문자로 변환하고, 이 과정에서 자연스러운 대화 흐름을 유지하도록 지원한다.

AI와 첨단 기술을 통한 접근성 향상은 단지 편의를 위한 도구에 그치지 않고, 청각장애인의 적극적 사회 참여와 독립적인 삶을 가능하게 하는 중요한 기반으로 발전하고 있다. 앞으로도 지속적인 기술 개발과 사회적 지원을 통해 청각장애인의 포용적 사회 참여가 실현될 수 있도록 적극적으로 노력해야 할 것이다.

사회적 포용을 위한 정책과 제도적 지원

기술이 발전하더라도 사회적 포용이 함께 이루어지지 않으면 청각장애인의 실질적인 삶의 질 향상은 어렵다. 따라서 법적·제도적 지원과 함께 장애에 대한 사회적 인식을 개선하기 위한 노력이 필요하다(WHO, 2021).

첫째, 장애인 차별 금지법 및 접근성 보장 정책이 강화되어야 한다. 현재 많은 국가에서 장애인의 권리를 보장하기 위해 장애인 차별 금지법을 시행하고 있으며, 공공기관 및 기업에서의 접근성을 강화하는 정책을 추진하고 있다. 그러나 이러한 정책이 형식적으로만 시행되는 경우가 많아, 실제 현장에서 실효성이 낮다는 지적이 나오고 있다. 따라서 주기적인 현장 점검과 실태 조사를 통해 법적 정책이 제대로 작동하는지 확인하고, 문제점을 지속적으로 개선해야 한다. 이를 위해 정책 입안 단계부터 장애인의 목소리를 충분히 반영할 수 있는 공식적인 참여 채널을 구축하는 것이 중요하다.

둘째, 청각장애인을 위한 교육 및 고용 지원 제도가 보다 체계적으로 마련되어야 한다. 특히 청각장애 학생들을 위한 교육 지원은 유아기부터 대학 및 평생교육까지 연속성을 갖춘 통합적 지원 체계를 갖추어야 한다(송건 · 이예다나, 2019). 장애 학생 전담 지원 교사의 배치, 수화 통역사의 상시 지원, 실시간 자막 서비스 확대 등 실질적이고 구체적인 방안이 학교 현장에 체계적으로 도입될 필요가 있다(이근민 외, 2011). 또한 고용 분야에서는 직무 수행 능력 평가 시 청각장애인의 의사소통 지원 필요성을 반영해 평가 방식을 개선하고, AI 기반의 음성 변환 및 수화 번역 도구 등을 적극적으로 지원하는 제도가 도입되어야 한다(김소연 · 정은희, 2007).

셋째, 청각장애인 고용 기업에 대한 적극적인 인센티브 제도가 필요하다. 청각장애인을 고용하는 기업에는 세금 감면, 재정 지원, 인건비 지원 등의 실질적 혜택을 제공해 기업의 참여를 독려할 수 있어야 한다. 이를 통해 기업들이 장애인 고용을 단순한 사회적 책임 활동이 아니라 경제적 · 사회적 가치를 창출하는 중요한 활동으로 인식하도록 유도해야 한다.

넷째, 사회적 인식 개선을 위한 캠페인과 교육 프로그램이 확대되어야 한다. 청각장애인을 비롯한 장애인에 대한 편견과 차별적 인식은 장애인의 사회적 통합을 저해하는 가장 큰 요인 중 하나다. 이러한 인식을 개선하기 위해 유치원, 초중고교의 교육과정에 장애 인식 개선 교육을 필수적으로 도입해 어릴 때부터 장애에 대한 올바른 이해를 심어 줄 필요가 있다. 더 나아가 공공기관 및 기업을 대상으로 장애 인식 교육을 정기적으로 실시해 장애 친화적인 사회 문화를 확산해야 한다.

청각장애인의 여가 활동 및 문화적 참여 지원이 강화되어야 한다. 영화관, 공연장, 박물관 등 문화시설 이용 시 자막 서비스와 수화 통역을 표준화해 언제 어디서나 불편함 없이 문화생활을 즐길 수 있는 환경을 구축해야 한다. 이러한 시설 접근성 향상을 통해 청각장애인이 사회적 고립을 벗어나 다양한 사회적 활동에 참여할 기회를 제공할 수 있다.

사회적 포용과 접근성 향상은 단순한 기술 발전만으로 해결할 수 있는 문제가 아니다. 법적 보호, 정책적 지원, 사회적 인식 변화가 통합적으로 이루어져야 청각장애인들이 진정으로 동등한 기회를 누릴 수 있다. 따라서 앞으로는 AI와 같은 첨단 기술 활용과 함께 포용적 사회 구축을 위한 정책적 · 제도적 노력이 병행되어야 한다. 이는 청각장애인뿐만 아니라 모두가 함께 성장하고 공존하는 지속 가능한 사회를 만드는 데 필수적인 과제다. 이 점에서 인공지능은 하나의 '망원경'과 같다. 그 자체로는 세상을 바꾸지 않지만, 우리가 무엇을 보고자 하는지를 결정하고, 누구를 시야에 담을지를 선택하게 만든다. 청각애인을 위한 AI는 결국 우리 사회가 어떤 방향을 바라보는지를 드러내는 윤리적 선택의 결과다.

참고문헌

김소연 · 정은희(2007). 청각장애학교 직업교육과 사회취업과의 효율적 연계 방안. ≪특수교육저널: 이론과 실천≫, 8(1), pp.189-214.

송건 · 이예다나(2019). 청각장애인 진로 및 직업교육 관련 연구 분석. ≪한국특수교육학회≫, 54(3), pp.145-166.

이근민 외(2011). u-Learning 기반 IT 직업교육과정 개발을 위한 청각장애인의 욕구조사. ≪한국장애인재활협회≫, 15(4), pp.351-375.

이형렬 · 신용석.(2024). 청각장애인의 직업지속 과정 분석. ≪GRI연구논총≫, 26(2), pp.329-362.

Haualand, H., & Allen, C.(2009). Deaf people and human rights. World Federation of the Deaf & Swedish National Association of the Deaf.

Napier, J., & Leeson, L.(2016). *Sign language in action.* Palgrave Macmillan.

WHO(2021). World report on hearing. https://www.who.int/publications/i/item/world-report-on-hearing

08
데이터 수집과 윤리적 과제

청각장애인을 위한 AI 기술과 보조 장치가 발전하면서, 이러한 시스템을 구축하는 데 필요한 데이터 수집과 윤리적 문제가 중요하게 대두되고 있다. AI가 효과적으로 동작하려면 방대한 양의 수화 데이터, 음성 데이터, 청각 보조 기기 사용 패턴 등의 정보가 필요하지만, 개인정보 보호와 데이터 활용의 윤리적 문제를 고려하지 않으면 오히려 장애인의 권리를 침해할 가능성이 있다. 청각 관련 데이터의 수집 과정과 활용 방안, 그리고 이를 둘러싼 윤리적 쟁점을 중심으로 정리했다.

AI와 한의학?

청각장애인을 위한 데이터 수집과 활용

AI 기반 청각 보조 기술은 방대한 데이터를 학습해 보다 정교하고 효과적인 음성 변환과 수화 번역 서비스를 제공한다(권정민 · 이영선, 2020). 청각장애인이 다양한 환경에서 원활한 소통과 사회적 활동에 참여하기 위해서는 고품질 데이터 수집과 분석이 필수적이다. 특히 이 과정에서 수집되는 데이터는 단순히 기술 개발을 위한 자원일 뿐 아니라 실제 청각장애인의 삶의 질을 실질적으로 개선할 수 있는 핵심적 자산으로 활용되어야 한다.

AI 음성 인식 기술의 정확성을 높이기 위해서는 다양한 국가와 지역, 문화적 배경을 가진 사람들의 음성 데이터가 필요하다. AI 모델이 다양한 연령대, 성별, 언어, 억양을 모두 포괄해 학습하지 않으면, 특정 사용자의 목소리를 제대로 인식하지 못하는 문제가 발생할 수 있다(윤성건 외, 2024). 따라서 다국적 데이터셋과 더불어 소음이 많은 환경, 공공장소, 실외 및 실내 등 다양한 상황에서 녹음된 실제 환경 데이터도 함께 구축되어야 한다. 이 과정에서 장애인이 일상적으로 겪는 실제 환경을 반영해 AI가 현실적인 상황에서 최적의 성능을 발휘할 수 있도록 설계해야 한다.

수화 인식 및 번역 기술 역시 방대한 양의 고품질 데이터가 필수적이다. 수화는 언어마다, 국가마다 서로 다른 표현 방식과 문법적 특성을 가지고 있다. 또한 같은 국가 내에서도 지역과 세대에 따라 수화의 표현 방식과 스타일이 달라진다. 따라서 AI 시스템이 효과적으로 수화를 인식하고 번역하기 위해서는 각국의 다양한 수화 데이터를 세분화해 충분히 확보하는 것이 중요하다. 이와 함께 손동작뿐만 아니라 얼굴 표정과 몸짓, 제스처 등 비언어적 요소까지 정교하게 분석할 수 있도록 다각적인 데이터 수집이 이루어져야 한다.

스마트 보청기와 같은 청각 보조 장치는 사용자의 개별적 청취 습관과 환경적 데이터를 기반으로 개인화된 서비스를 제공한다. AI 알고리즘이 사용자의 주변 환경 소리, 청력 상태, 자주 이용하는 음향 설정 등을 분석해 최적의 청각 환경을 자동으로 설정할 수 있도록 충분한 사용자 인터랙션 데이터를 수집하고 관리하는 것이 중요하다. 특히 사용자들이 일상에서 보청기를 어떻게 사용하는지, 어떤 상황에서 음성 인식 및 변환 기능이 가장 많이 사용되는지 등을 분석하면, 기술을 더욱 현실적이고 사용자 친화적인 방향으로 발전시킬 수 있다.

이와 같은 데이터를 활용하기 위해서는 데이터의 품질 관리와 정확성 유지가 매우 중요하다. 잘못된 데이터가 포함되면 AI의 성능이 떨어지고, 실제 환경에서 효과적인 지원을 제공하지 못하는 결과를 초래할 수 있다(송상헌 외, 2025). 따라서 데이터 수집 초기 단계부터 엄격한 검증 과정을 거쳐 신뢰할 수 있는 고품질 데이터셋을 구축해야 한다. 이를 위해 청각장애인 사용자들과의 협력과 피드백 과정을 강화해 현실적이고 유용한 데이터를 확보하는 전략이 요구된다.

데이터를 활용한 AI 모델 개발 과정에서 윤리적 이슈가 발생할 가능성도 염두에 두어야 한다. AI 기반 보조기술이 발전할수록 사용자의 개인정보가 민감하게 다뤄지기 때문이다. 사용자의 음성이나 수화 영상과 같은 개인 식별이 가능한 데이터는 철저히 익명화하고, 보안이 보장된 환경에서만 활용해야 한다. 또한 사용자가 데이터 활용 과정에 대해 충분히 이해하고, 명확하게 동의할 수 있도록 투명한 데이터 사용 방침을 마련하고 공개하는 것도 필수적이다.

AI 모델의 편향성을 방지하기 위해서도 지속적인 모니터링과 분석이 필요하다. 데이터 수집 과정에서 특정 언어나 문화, 연령층의 데이터가 부족하면 AI가 편향된 결과를 내놓을 위험이 있다. 따라서 편향성 방지를 위해 데이터 수집 시 다양한 집단을 균형 있게 고려하고, 지속적으로 결과의 공정성을 평가하는 시스템을 구축해야 한다. AI 기술은 무한한 가능성을 지니고 있지만, 기술이 자동으로 사회적 불평등을 해소하지는 않는다. 오히려 설계자, 데이터 수집자, 정책 결정자가 의도하지 않게 기존의 편견을 강화하거나 소외를 재생산할 수 있다.

데이터 수집과 활용은 AI 기술 발전의 중심에 있는 중요한 과제이며, 철저한 관리와 윤리적 접근이 필수적이다. 이를 통해 청각장애인을 위한 AI 기술은 단순히 기술적 완성도를 높이는 것을 넘어 실제 삶에서 겪는 장애를 극복하는 실질적인 도구로 자리매김할 수 있을 것이다. 청각장애인의 사회적 포용과 접근성을 높이기 위해서는 신뢰성 있는 데이터를 기반으로 지속적이고 윤리적인 AI 개발이 이루어져야 하며, 이를 통해 모두가 기술의 혜택을 평등하게 누릴 수 있도록 해야 한다.

데이터 수집의 윤리적 문제와 개인정보 보호

AI 기반 청각 보조 기술은 청각장애인의 삶을 획기적으로 개선할 가능성이 있지만, 데이터 수집 및 활용 과정에서 여러 윤리적 문제와 개인정보 보호 이슈를 수반한다. 특히 청각장애인의 데이터는 개인의 청력 상태, 생활 습관, 소통 방식 등 매우 민감한 정보를 포함하고 있어, 데이터 수집과 관리에 특별한 주의와 책임이 필요하다.

데이터 수집 과정에서 가장 우려되는 점은 사용자의 명확한 동의와 정보 제공의 투명성 부족이다. 청각장애인 사용자들은 종종 AI 기술이 어떻게 자신의 데이터를 수집하고 처리하는지 충분히 알지 못한 채 시스템을 사용하게 된다. 이를 방지하기 위해서는 데이터 수집 전 단계부터 사용자가 데이터 수집 목적과 범위를 명확히 이해할 수 있도록 충분한 정보를 제공하고, 이해하기 쉬운 언어와 방법으로 명시적인 동의를 구해야 한다. 특히 AI 기반 시스템에서 데이터가 어떤 방식으로 학습되고 활용되는지, 향후 어떤 형태로 사용자에게 영향을 미칠 수 있는지를 구체적이고 투명하게 제시해야 한다.

개인정보 보호는 데이터 관리와 저장 단계에서도 철저히 이루어져야 한다. 청각장애인을 위한 AI 시스템이 클라우드 기반으로 운영될 경우, 개인 데이터가 외부 해킹이나 유출로부터 안전한지 보장할 수 있어야 한다. AI 시스템은 음성 및 영상 데이터와 같은 생체 정보와 민감한 개인 정보를 다루기 때문에, 데이터 암호화, 익명화 처리, 그리고 분산 저장 방식 등 고급 보안 기술을 철저히 적용해 관리할 필요가 있다. 특히 데이터의 사용과 공유 과정에서 사용자의 프라이버시가 침해되지 않도록 엄격한 데이터 접근 및 관리 정책을 수립하고, 정기적인 보안 감사와 모니터링을 실시해야 한다.

AI 시스템의 편향성과 공정성 문제도 중요한 윤리적 과제다. 수화 데이터나 음성 데이터가 특정 국가, 지역, 연령, 성별 등의 집단에 편중될 경우, AI 모델이 의도하지 않게 특정 그룹을 차별하거나 불공정한 결과를 초래할 수 있다. 특정 지역의 수화만으로 훈련된 AI 시스템은 국제적인 사용자들에게 적합하지 않으며, 일부 사용자의 소통 접근성을 제한하는 문제로 이어질 수 있다. 이를 해결하기 위해서는 글로벌하고 다양한 데이터셋을 구축해 AI 시스템이 폭넓은 문화적, 언어적 다양성을 충분히 반영할 수 있도록 해야 한다. 또한 정기적으로 모델의 성능을 점검해 특정 사용자 그룹에 불이익을 초래하지 않도록 지속적으로 관리해야 한다.

더불어 AI 시스템의 오남용이나 윤리적 남용 가능성도 고려해야 한다. 예컨대 AI 시스템을 통해 수집된 청각장애인의 개인 데이터가 의료 보험이나 고용 시장에서 차별적 대우의 근거로 악용될 가능성이 있다. 원치 않는 학습 대상이 된 청각장애인 당사자는 자신의 언어가 어떤 방식으로 왜곡되거나 상업화되는지 알기 어렵다. 이는 언어권 약자의 프라이버시와 표현권에 대한 침해로 해석될 수 있다. 이러한 윤리적 위험을 예방하기 위해 AI 기술 개발 초기부터 윤리적 기준과 가이드라인을 수립하고, 데이터가 오직 기술 개선과 사용자의 복지를 위한 목적에만 사용될 수 있도록 엄격히 제한해야 한다. 아울러 법적 차원에서 AI 데이터의 오남용을 방지하기 위한 명확한 제재 규정과 감독 체계도 필요하다.

이와 같은 데이터 수집과 활용의 윤리적 문제를 해결하기 위해서는 기업과 연구기관뿐만 아니라 정부와 시민사회가 함께 협력해야 한다. 정부는 데이터 보호를 위한 법률적 기반을 확고히 구축하고, 개인정보 유출이나 오남용에 대한 엄격한 법적 제재와 감독 체계를 마련해야 한다. 동시에 관련 기업과 연구기관은 자율적으로 투명한 데이터 관리 방침을 세우고, 청각장애인 사용자의 데이터 권리를 보호하기 위한 윤리적 기준을 준수할 필요가 있다.

시민사회와 사용자 단체는 데이터 수집 과정에서 사용자들의 권리와 요구 사항을 적극적으로 제시하고, 이를 AI 기술 개발 과정에 반영하도록 하는 역할을 수행해야 한다. 특히 청각장애인들의 직접적 참여를 통한 데이터 정책 결정 과정은 AI 시스템의 신뢰성과 실효성을 높이는 데 결정적인 기여를 할 것이다.

한편 국제적인 차원의 협력 또한 필수적이다. 청각장애인을 위한 AI 기술은 전 세계적으로 공유되고 사용되는 기술이므로, 데이터 보호와 윤리에 관한 국제 표준을 설정하고 이를 모든 국가가 준수할 수 있도록 하는 노력이 필요하다. 글로벌 데이터 윤리 기준을 정립함으로써 국가 간 데이터 활용 방식의 격차를 해소하고, 보다 일관되고 공정한 AI 서비스 제공이 가능하도록 해야 한다.

청각장애인을 위한 데이터 수집과 활용 과정에서 발생할 수 있는 윤리적 문제는 기술적 차원의 대응만으로는 충분치 않다. 데이터의 투명성과 공정성을 담보하는 철저한 윤리적 기준을 정립하고, 사회적 합의와 다자간 협력을 통해 사용자 중심의 안전한 데이터 생태계를 구축하는 것이 필수적이다. 이를 통해 AI 기반 기술은 청각장애인의 실질적인 삶의 질 향상과 포용적 사회 구현이라는 본래의 목표를 달성할 수 있을 것이다.

윤리적 데이터 활용을 위한 해결책

윤리적인 AI 시스템을 구축하기 위해서는 투명성과 신뢰성을 기반으로 한 데이터 수집 및 활용이 이루어져야 한다(곽정민 · 김근현, 2024). 청각장애인을 위한 AI 기술은 사용자의 매우 민감한 데이터를 활용하는 만큼, 사용자가 데이터 활용 과정 전체를 명확히 이해하고 관리할 수 있도록 지원해야 한다. 이를 위해 사용자 친화적인 데이터 관리 플랫폼을 구축해 개인이 언제든지 자신의 데이터 접근과 활용 내역을 확인할 수 있게 하고, 필요할 경우 자신의 데이터를 삭제하거나 제한할 수 있는 권한을 보장해야 한다.

AI 시스템의 공정성을 유지하고 편향성을 최소화하기 위해서도 다양한 배경과 특성을 가진 사용자들로부터 폭넓은 데이터를 확보하는 것이 필수적이다(유성희, 2025). 이를 위해 지역별, 언어별, 연령별 다양한 사용자 집단의 데이터 수집을 활성화하고, 충분한 대표성을 가진 데이터베이스를 구축해야 한다. 기존 데이터 수집 과정에서 소외되었던 개발도상국이나 소수 집단의 수화 데이터와 음성 데이터를 별도로 확보해 AI 모델이 글로벌 환경에서도 보편적으로 효과적인 성능을 발휘할 수 있도록 지원해야 한다.

AI 기술의 신뢰성을 확보하기 위해 외부 전문가 및 윤리 위원회의 독립적인 감독 체계를 구축해야 한다. 이와 같은 윤리 위원회는 AI 기술의 데이터 수집과 활용 과정에서 발생하는 윤리적 문제를 독립적으로 평가하고, 지속적인 모니터링과 감사 기능을 수행해야 한다. 특히 AI

시스템이 예기치 않게 사용자를 차별하거나 사용자에게 피해를 줄 가능성에 대해서도 선제적으로 검토하고 문제가 발생하기 전에 이를 예방할 수 있도록 조치를 취해야 한다(김정남 외, 2023).

데이터 보안은 윤리적 데이터 활용의 또 다른 핵심 과제다(정태진, 2024; 최희식 · 조양현, 2019). AI 기반 청각 보조 시스템은 클라우드 플랫폼과 모바일 앱 등을 통해 데이터를 처리하는 경우가 많기 때문에, 데이터 암호화 및 익명화를 기본으로 적용하고 최신 보안 기술을 지속적으로 도입해 외부 공격이나 데이터 유출 위험을 최소화해야 한다. 아울러 정부 차원에서도 개인정보 보호를 위한 강력한 법적 프레임워크를 마련하고, 기업과 연구기관이 이를 엄격히 준수할 수 있도록 강제할 필요가 있다.

기술적 측면뿐만 아니라 교육적 접근 역시 중요하다. 데이터 윤리에 관한 사용자 및 개발자 교육 프로그램을 활성화해 AI 기술을 설계하고 운용하는 사람들이 윤리적 문제를 인식하고 이에 적극 대응할 수 있도록 해야 한다. 개발자들에게 데이터 윤리의 중요성과 함께, 사용자 중심적 접근 방식을 교육함으로써 AI 기술이 단순히 기능적으로 뛰어난 것이 아니라 사회적 가치를 존중하고 사용자 신뢰를 확보할 수 있는 방향으로 발전할 수 있도록 지원하는 것이다.

국제 협력을 통해 AI 데이터 윤리의 글로벌 표준을 확립하는 것도 필요하다. 국가 간 데이터를 공유하거나 공동으로 활용할 때 발생할 수 있는 문제를 방지하고, 국제적 기준에 따른 책임 있는 데이터 활용 환경을 조성해 글로벌 수준에서 윤리적이고 공정한 AI 기술 활용이 이루어지도록 해야 한다.

이러한 종합적인 해결책들은 데이터 활용 과정에서 청각장애인의 권리를 적극적으로 보호하고, AI 기술의 신뢰성을 높여 궁극적으로는 청각장애인의 삶의 질을 실질적으로 개선하는 결과를 가져올 것이다. AI 기반 청각 보조 기술이 진정으로 사회적으로 가치 있는 기술로 인정받기 위해서는 윤리적 데이터 활용에 대한 체계적이고 지속적인 노력이 반드시 이루어져야 한다.

참고문헌

곽정민 · 김근현(2024). 빅데이터 분석기법을 활용한 인공지능과 윤리규범에 대한 인식 고찰. ≪인공지능인문학연구≫, 18, pp.77-112.

권정민 · 이영선(2020). 장애인을 위한 인공지능 활용 동향. ≪한국초등교육≫, 31, pp.187-202.

김정남 외(2023). 인공지능(AI)의 학습용 데이터 윤리 프레임워크 개발에 관한 연구. ≪윤리연구≫, 1(140), pp.283-309.
송상헌 외(2025). 발달장애인을 위한 자연어처리 인공지능 -보조공학적 필요성과 가능성-. ≪인문과학연구≫, 51(0), pp.285-320.
윤성건 외(2024). 음성감정 추출을 위한 오픈소스 기반 인공지능 설계 및 개발. ≪한국컴퓨터정보학회논문지≫, 29(9), pp.79-87.
유성희(2025). EU AI Act의 생명윤리적 분석: 한국 AI 규제에 대한 함의와 도전. ≪인격주의 생명윤리≫, 15(1), pp.71-111.
정태진(2024). AI를 이용한 사이버 위협의 해외사례 분석 및 시사점 연구. ≪융합보안 논문지≫, 24(5), pp.123-136.
최희식 · 조양현 (2019). 딥러닝 기술이 가지는 보안 문제점에 대한 분석. ≪한국융합학회논문지≫, 10(5), pp.9-16.

09
청각장애인을 위한 AI 정책

청각장애인을 위한 AI 기술이 빠르게 발전하면서, 이를 뒷받침할 수 있는 정책과 법적 지원이 필수적이다. AI 기반 보조 장치와 서비스가 장애인의 권리를 보장하는 방향으로 발전하려면 정부와 기업, 연구기관이 협력해 관련 정책을 수립해야 한다. 특히 기술 접근성, 데이터 보호, AI 윤리 등을 포함한 종합적인 정책이 필요하다.

AI와 화장품?

현재 시행 중인 AI 정책과 법적 지원

AI 기술의 발전과 확산이 가속화되면서 청각장애인의 삶을 개선하기 위한 각국 정부의 정책적 지원과 법적 보호 조치도 강화되고 있다. 다양한 국가와 국제기구가 AI 기술이 청각장애인을 포함한 장애인들의 접근성을 보장하고, 기술로 인한 소외나 차별이 발생하지 않도록 정책적 노력을 기울이고 있다.

미국은 장애인의 권리와 접근성을 폭넓게 보장하는 장애인법(ADA, Americans with Disabilities Act)을 시행해 공공 서비스와 민간 부문에서 청각장애인의 정보 접근을 법적으로 의무화하고 있다. 특히 ADA는 디지털 환경에서도 장애인의 접근성을 보장하도록 확대 적용되고 있으며, 이로 인해 AI 기반 자막 서비스나 음성 변환 기술과 같은 기술이 공공기관과 민간기업에서 보다 적극적으로 활용될 수 있는 환경이 마련되고 있다. 최근에는 연방통신위원회(FCC)가 AI 기반의 자동 자막 및 음성 변환 기술 도입을 방송 및 디지털 미디어 분야에서 의무화하는 규정을 강화하고 있다.

유럽연합(EU)은 유럽 접근성 법(EAA, European Accessibility Act)을 통해 디지털 기술과 공공 서비스에서 장애인의 접근성을 보다 철저히 보장하고 있다. EAA

는 공공 웹사이트, 모바일 앱, 교통 시설 및 방송 미디어 서비스 등 다양한 분야에서 AI 기술을 활용해 청각장애인의 접근성을 향상시키는 구체적인 가이드라인과 기준을 제시하고 있다. 이와 더불어 GDPR(General Data Protection Regulation)을 통해 AI가 개인 데이터를 활용하는 과정에서 개인정보 보호와 데이터 윤리 문제에 엄격한 기준을 제시해 장애인의 민감한 데이터 보호에도 중점을 두고 있다.

대한민국은 장애인차별금지법을 중심으로 정보통신 분야에서의 장애인 접근성을 확보하도록 강력히 규정하고 있다. 최근에는 과학기술정보통신부가 AI 기반 장애인 지원 기술 개발을 위한 연구개발 지원을 확대하며, 특히 장애인 대상의 AI 기술 활용이 늘어남에 따라 개인정보 보호와 AI 윤리 가이드라인을 함께 마련하는 방안도 추진 중이다. 정부 주도의 연구 지원 프로그램과 기업 협력 사업을 통해 청각장애인의 실질적인 기술 활용 기회를 넓히는 데 적극적인 투자가 이루어지고 있다.

호주 또한 국가 장애인 전략(National Disability Strategy)을 통해 AI 기반 접근성 기술의 개발과 보급을 확대하고 있으며, 디지털 접근성 강화를 위한 법적 근거를 마련하고 있다. 캐나다는 장애인 접근성 법(Accessible

Canada Act)을 시행해 연방 정부 기관과 기업들이 장애인에게 동등한 디지털 접근을 보장하도록 의무화하고, AI 기반 보조 기술의 개발과 도입을 지원하는 다양한 펀딩 프로그램을 운영하고 있다.

국제적으로는 UN이 장애인 권리 협약(CRPD, Convention on the Rights of Persons with Disabilities)을 통해 AI 기술을 포함한 디지털 기술의 접근성을 보장할 것을 회원국들에게 권고하고 있다. CRPD는 각국이 AI 기술 활용 시 장애인의 권리를 충분히 고려하고, 기술 활용에 있어 장애인이 차별받지 않도록 법적 · 제도적 환경을 마련하도록 촉구하고 있다.

이러한 정책과 법적 지원이 성공적으로 작동하려면 장애인의 의견을 정책 수립 과정에서부터 적극적으로 수렴하는 것이 필수적이다. 장애 당사자와의 지속적인 대화를 통해 AI 기술이 실제로 필요한 분야에 적절히 적용될 수 있도록 해야 하며, 정책 시행 후에도 지속적인 모니터링과 평가 체계를 구축해 실질적인 효과를 확인하고 개선해 나가야 한다.

청각장애인을 위한 AI 정책과 법적 지원은 단순한 기술 활용을 넘어 실질적으로 사회적 포용을 실현하고 장애인의 삶의 질을 개선하는 방향으로 지속적으로 발전해야 한다. 이를 위해서는 법률과 정책의 형식적인 시행을 넘어 실제 현장에서의 실효성 확보와 사용자 중심의 정책 수립이 중요하다. 앞으로도 AI 기술 발전과 함께 보다 정교한 법적 장치와 정책이 마련되어야 하며, 정부와 민간 부문, 장애인 당사자 간의 긴밀한 협력이 필수적일 것이다.

AI 정책의 문제점과 개선 방향

현재 시행 중인 AI 정책은 빠르게 발전하는 기술과 다양한 현장의 요구를 충분히 따라가지 못하는 한계를 드러내고 있다. 대표적으로 AI 기술이 실제로 청각장애인들에게 효과적으로 제공될 수 있는 환경이 아직까지 완벽히 마련되지 않고 있다는 점이다. 특히 정책적 차원의 지원이 있어도 현장에서는 활용이 부족하거나 제대로 연계되지 않아 실질적인 효과를 내지 못하는 경우가 많다. 기술 자체의 발전 속도와 정책의 수립 및 적용 속도 간의 격차가 주요 원인이다.

AI 기반의 청각 보조 장치 및 서비스가 다양하게 개발되고 있지만, 국가 간 또는 제조사 간 기술 표준이 부족해 장치와 서비스의 호환성이 낮은 문제가 지속적으로 발생하고 있다.특정 제조사의 스마트 보청기나 AI 기반 음성 변환 서비스가 다른 플랫폼이나 장치와 연계되지 않아 사용자가 추가적인 비용과 불편을 겪는 상황이 흔히 나타난다. 이에 따라 국제적인 기술 표준화가 시급히 마련되어야 하며, 다양한 제조사와 서비스 제공자가 이 표준을 준수할 수 있도록 규정하고 관리하는 체계가 구축될 필요가 있다.

AI 기술 발전에 따른 개인정보 보호 문제도 지속적으로 제기되고 있다. AI 기반의 청각 보조 기술은 필연적으로 사용자의 민감한 데이터를 수집할 수밖에 없는데, 현재의 개인정보보호법은 AI 기술의 복잡하고 특수한 상황을 완벽히 반영하지 못하는 경우가 많다. 특히 데이터 수집 및 활용 과정에서 사용자가 명확히 이해하고 동의하지 않은 상태로 데이터가 수집되거나, 데이터가 목적 외 용도로 활용되는 사례들이 보고되고 있다. 이로 인해 사용자들은 개인정보 침해 우려로 AI 기술 사용에 소극적이 될 수 있다. 따라서 AI 기술의 특성을 고려한 세부적인 개인정보 보호 규정을 마련하고, 사용자들에게 데이터 수집과 활용에 대한 명확한 안내와 동의 절차를 필수적으로 요구하는 법적 조치가 필요하다.

공공 부문에서 AI 기술 도입이 민간에 비해 상대적으로 더디다는 문제도 심각하다. 민간 기업들이 AI 기술을 빠르게 도입하고 있는 반면, 공공기관은 여전히 기존 방식의 서비스 제공에서 벗어나지 못하는 경향이 있다. 공공기관이 주최하는 행사나 공공 서비스 제공 시, AI 기반 실시간 자막이나 수화 번역 시스템이 적극적으로 도입되지 않아 청각장애인들이 정보 접근에 어려움을 겪는 사례가 흔히 보고된다. 이는 기술의 부족이 아니라 공공부문의 관료적 특성, 낮은 예산 배정 우선순위, 그리고 AI 기술 도입에 대한 인식 부족 때문으로 분석된다. 따라서 공공 부문에서도 민간 수준의 적극적인 AI 기술 활용이 이루어지도록 정부 차원의 강력한 정책 지원과 인센티브 제공이 필요하다.

정책의 현장 적용 과정에서도 장애인의 목소리가 충분히 반영되지 않는 문제도 있다. AI 기술과 관련된 정책 결정 과정에서 기술 전문가나 행정가들의 의견만 우선적으로 반영되고, 실제 당사자인 장애인들의 의견이 충분히 고려되지 않아 현장과 괴리가 발생하는 경우가 많다. 따라서 정책 수립 과정부터 장애인의 의견을 제도적으로 수렴할 수 있는 정기적이고 공식적인 창구를 마련해야 한다(고미선, 2025; 최복천, 2025).

이러한 문제들을 해결하기 위해서는 기술 표준화뿐만 아니라 법적, 행정적 측면에서의 정비와 실질적인 지원 정책이 병행되어야 한다. 우선 AI 기술 개발 및 사용 과정에서 장애인과 같은 사용자들의 권리와 편의를 최우선으로 고려한 구체적인 기술 표준을 마련해야 한다. 또한 개인정보 보호를 위한 세부적인 가이드라인과 AI 윤리 기준을 명확히 규정해 기술 사용 과정에서 발생할 수 있는 피해를 최소화해야 한다. 정부 및 공공기관이 AI 기술을 보다 적극적으로 도입할 수 있도록 법적 근거를 마련하고, AI 기반 기술 도입에 대한 예산 지원을 확대해야 한다.

더불어 청각장애인을 포함한 다양한 이해관계자들과의 협력을 강화해 기술이 실제 현장에서 필요로 하는 부분에 제대로 반영될 수 있도록 지속적인 피드백 시스템을 마련해야 한다. 이를 통해 AI 정책이 단지 선언적 수준에 머무르지 않고, 청각장애인의 실질적인 삶의 질 향상과 사회적 포용에 기여할 수 있도록 실효성을 갖추어 나가야 할 것이다.

미래 AI 정책의 방향과 과제

미래의 AI 정책은 단순히 기술적 발전을 넘어 청각장애인의 삶의 질을 실질적으로 개선하고 사회적 포용을 확장하는 방향으로 나아가야 한다(UN, 2006). 기술의 발전 속도만을 따라가는 것이 아니라 청각장애인이 실제로 겪고 있는 현실적 어려움과 니즈를 명확히 반영해 더욱 구체적이고 실효성 있는 정책이 필요하다(임명순 · 박현주, 2024; 임수정 · 권정숙, 2024). 이를 위해서는 장애인 당사자의 목소리가 정책 수립 과정에서부터 적극적으로 반영될 수 있도록 공식적인 참여와 협의 체계를 구축하는 것이 중요하다(Ladd, 2003).

정부는 청각장애인을 위한 AI 기술의 연구 및 개발에 대한 지속적이고 장기적인 투자를 확대해야 한다. 단기적인 성과에 집중하기보다 기초 연구부터 실제 활용 가능한 서비스 개발까지 전 과정을 지원하는 종합적 펀딩 시스템이 필요하다. 특히 대학과 연구 기관, 민간 기업이 협력해 AI 기반의 수화 번역, 실시간 자막 서비스, 스마트 보청기 등의 기술 개발과 실증 연구를 수행할 수 있도록 적극적으로 지원해야 한다.

장애인 친화적인 AI 환경을 구축하기 위해서는 장애인의 접근성을 법적, 제도적으로 명확히 보장하고 이를 강력하게 시행할 필요가 있다(강혜진 · 최희철, 2025). 공공기관 및 민간 기업의 디지털 환경에서 청각장애인이 배제되지 않도록 실시간 자막 제공 및 AI 기반 수화 번역 서비스 등 다양한 지원 시스템의 제공을 의무화하는 정책이 시행되어야 한다. 특히 방송, 교육, 의료, 공공 서비스 분야에서는 AI 기반 서비스 도입을 법적으로 강제하거나 인센티브를 부여해 장애인 접근성을 획기적으로 개선하는 것이 필요하다(Kuenburg et al., 2016).

개인정보 보호 및 데이터 윤리 문제는 AI 정책에서 반드시 해결해야 할 중요한 과제다. AI 기술이 사용자의 민감한 개인 데이터를 효과적으로 활용하면서도, 개인정보가 침해되지 않도록 보호할 수 있는 명확한 규제와 가이드라인을 마련해야 한다. 이를 위해 데이터 수집 및 활용에 대한 사용자의 동의 절차를 더욱 강화하고, AI 시스템 개발 과정에서부터 데이터 익명화, 암호화, 보안 프로토콜을 철저히 적용하도록 법적 근거를 마련할 필요가 있다.

AI 정책은 기술 표준화와 국제 협력을 통해 더욱 효과적으로 운영될 수 있다. 서로 다른 기업이나 국가가 개발한 기술들이 상호 호환성을 가지도록 국제적 기술 표준을 마련하는 것이 필요하며, 국가 간 기술 협력과 교류를 확대해 청각장애인을 위한 AI 기술 발전을 가속화해야 한다. 글로벌 수화 데이터셋 구축과 같은 국제 공동 프로젝트를 통해 AI 수화 인식 기술의 글로벌 표준화를 추진할 수 있을 것이다.

AI 기술이 청각장애인들의 고용 및 경제적 자립을 실질적으로 지원할 수 있도록 정책적 지원을 확대해야 한다. 정부가 AI 기반의 직무 훈련 프로그램을 제공하거나, 기업에 장애인 친화적 AI 기술 도입에 대한 세제 혜택과 같은 인센티브를 제공해 장애인의 경제적 독립을 촉진해야 한다. 이는 장애인의 사회적 자립과 참여를 증진하는 동시에 AI 기술의 사회적 가치도 확장하는 효과를 낳을 것이다.

AI 기술 활용 과정에서 발생할 수 있는 윤리적 문제나 부작용에 대해 적극적으로 대응할 수 있는 시스템도 구축되어야 한다. AI의 자동화된 결정이 청각장애인에게 의도치 않은 차별이나 피해를 주지 않도록 지속적인 모니터링과 평가 체계를 마련하고, 문제 발생 시 신속히 조정할 수 있는 정책적 유연성을 확보하는 것이 중요하다.

장애인과 비장애인의 통합적 사회 환경을 위한 인식 개선 정책도 미래 AI 정책의 중요한 요소다. 기술적 접근성 개선뿐 아니라 AI 기술이 장애인을 포함한 모든 사회 구성원의 이해와 협력 속에서 받아들여질 수 있도록 인식 개선을 위한 교육 프로그램을 학교와 기업, 공공기관을 중심으로 확대해야 한다.

미래의 AI 정책은 기술 개발과 인프라 지원뿐 아니라

장애인의 현실적 필요를 반영한 실질적인 접근성 보장, 데이터 보호 강화, 국제 협력과 표준화, 윤리적 대응 체계 구축, 경제적 자립 지원, 사회적 인식 개선이라는 포괄적이고 통합적인 방향으로 발전해야 한다. 이를 통해 AI 기술이 청각장애인의 삶을 실질적으로 개선하고, 진정으로 포용적이고 동등한 사회를 실현하는 데 기여할 수 있을 것이다.

참고문헌

강혜진 · 최희철(2025). 청각장애인의 행복, 행복성장이 장애수용, 긍정적 대인관계에 미치는 효과: 취업 안정성에 따른 다집단 분석. ≪특수아동교육연구≫, 27(1), pp.57-82.

고미선(2025) 장애인 보조기술 정책 비교 : OECD 국가를 중심으로. ≪한국과 세계≫, 7(1), pp.119-152.

임명순 · 박현주(2024). 청각장애 대학생의 의사소통 경험 탐색. ≪Communication Sciences and Disorders≫, 29(4), pp.984-1000.

임수정 · 권정숙(2024). 청각장애 성인의 생애주기별 결혼생활 실태 및 과제. ≪한국콘텐츠학회 논문지≫, 24(4), pp.494-505.

최복천(2025). 일본의 중증장애인 의료적 케어 제도화 과정 분석. ≪아시아연구≫, 28(1), pp.25-44.

EUROPEAN ACCESSIBILITY ACT: EAA. https://www.tuvsud.com/ko-kr/services/product-certification/european-accessibility-act?

General Data Protection Regulation: GDPR.

https://gdpr-info.eu/

Kuenburg, A., et al.(2016). Health care access among deaf people. *Journal of Deaf Studies and Deaf Education, 21*(1), 1 - 10.

Ladd, P.(2003). Understanding deaf culture: In search of deafhood. Multilingual Matters.

National Disability Strategy. https://www.gov.uk/government/publications/national-disability-strategy

UN(2006). Convention on the Rights of Persons with Disabilities (CRPD).

10
미래 전망과 도전 과제

청각장애인을 위한 AI 기술은 앞으로 더욱 발전해 사회적 포용을 확대하고 보다 나은 삶을 제공할 것이다. 그러나 기술 발전에 따른 새로운 문제들도 함께 대두되고 있으며, 이에 대한 해결책이 필요하다. 청각장애인을 위한 AI 기술의 미래 전망과 함께 해결해야 할 도전 과제를 중심으로 논의했다.

종교와 AI?

AI 기반 청각 보조 기술의 발전 전망

AI 기반 청각 보조 기술은 향후 더욱 정교해지고 실용적으로 발전해 청각장애인의 생활 전반에 혁신적인 변화를 가져올 것으로 기대된다. 현재의 보청기나 인공와우와 같은 청각 보조 장치는 단순한 소리 증폭 기능을 넘어 개별 사용자의 생활 환경과 청력 상태를 실시간으로 분석하고 개인 맞춤형 서비스를 제공하는 방향으로 발전하고 있다. AI 알고리즘이 발전함에 따라 사용자가 위치한 장소의 소음 환경을 자동으로 인지하고 음성만을 선별적으로 증폭하거나, 필요 시 실시간 자막이나 수화로 정보를 전달하는 서비스가 보편화될 전망이다.

더불어 AI 기술과 결합된 보청기 기술은 음성 인식과 변환뿐만 아니라 사용자의 감정과 맥락을 파악해 더욱 자연스럽고 효과적인 의사소통을 지원하는 방향으로 발전할 것으로 예상된다. 사용자의 표정과 맥박 등 생체 신호까지 분석해 스트레스 수준이나 의사소통의 어려움을 감지하고, 실시간으로 최적의 의사소통 방법을 제안하는 개인화된 기술이 현실화될 가능성이 크다. 이러한 기술이 현실화되면 청각장애인과 비장애인 간의 의사소통에서 느끼는 심리적 장벽도 크게 완화될 것이다.

실시간 수화 번역 기술 역시 앞으로 비약적으로 발전

할 것으로 기대된다(구성민 외, 2018). 현재의 수화 번역 기술은 기본적인 수화 인식 수준을 넘어서 보다 다양한 국가 및 지역의 수화 방언을 학습한 정교한 딥러닝 모델로 진화할 것이다. AI는 사용자의 개인 수화 스타일을 학습해 맞춤형 번역을 제공하고, 비표준적인 제스처나 개인 특유의 표현법까지 이해해 보다 정확한 의사소통을 가능하게 할 것이다. 특히 글로벌 환경에서 다양한 언어를 자동으로 수화로 변환하거나, 수화를 자동으로 다국어 음성 및 텍스트로 변환하는 시스템이 발전하면서 청각장애인의 글로벌 사회 참여도 촉진될 것으로 보인다.

AR과 VR 기술과의 융합은 AI 기반 청각 보조 기술의 발전을 더욱 가속화할 것이다(김명미 · 김영근, 2025). AR 기술을 통해 청각장애인이 착용하는 안경이나 스마트 디바이스 화면에 실시간으로 음성 자막이나 수화 번역 정보를 시각적으로 제공하는 기술이 일반화될 가능성이 높다. 이와 더불어 VR 환경에서는 보다 몰입감 있는 학습 환경과 의사소통 훈련 환경이 제공될 것으로 기대된다. VR 기반으로 청각장애인 학생들이 실제 강의나 직장 환경과 유사한 환경에서 의사소통 훈련과 업무 경험을 미리 경험할 수 있는 기술이 등장할 것이다.

또한 뇌-기계 인터페이스 기술의 발전으로, 기존 보

청기와 인공와우의 기능을 넘어 뇌와 직접 연결해 소리를 더욱 선명하고 명확하게 전달하는 미래형 기술이 실현될 가능성도 높다. 이는 소리 전달의 정확성을 높이고 자연스러운 청취 경험을 제공할 수 있어, 기존 장치의 한계를 극복할 수 있는 혁신적인 기술로 평가받고 있다. 뇌-기계 인터페이스 기술이 AI와 결합해 뇌 신호를 실시간으로 분석하고 최적화된 음성 처리를 제공하게 되면, 현재의 청각 보조 기술보다 월등히 높은 품질의 소리를 제공할 수 있을 것이다.

이러한 기술적 발전과 더불어 데이터 분석 기술의 발전 또한 주목할 만하다. AI는 사용자의 다양한 환경에서 축적되는 데이터를 분석해 청력 변화를 조기에 발견하고, 이를 토대로 예방적 관리나 의료적 처치를 선제적으로 제안할 수 있을 것이다. 이러한 사전 관리 시스템은 청각장애인뿐만 아니라 고령자와 같이 청력 저하 위험이 있는 사람들에게도 유익한 기술로 확장될 수 있을 것으로 예상된다.

하지만 이러한 미래 기술 발전을 위해서는 기술적 도전 과제뿐 아니라 윤리적 · 사회적 과제 해결도 병행되어야 한다. 데이터 수집과 활용 과정에서의 개인정보 보호와 윤리적 문제가 철저히 관리되어야 하며, AI 시스템이 사용자 간 차별을 일으키지 않도록 균형 잡힌 데이터 구축과 공정한 알고리즘 개발이 필요하다. 동시에 청각장애인을 위한 AI 기술이 경제적 부담 없이 보급될 수 있도록 공공의 지원과 제도적 기반을 마련하는 것이 필수적이다.

이러한 기술 발전과 과제 해결을 통해, 향후 AI 기반 청각 보조 기술은 단순히 장애를 보완하는 수준을 넘어, 청각장애인의 삶을 더욱 독립적이고 풍요롭게 만들어 주는 핵심 수단으로 자리매김할 것이다. AI 기술의 발전은 장애와 비장애의 경계를 허물고, 모든 사회 구성원이 기술의 혜택을 함께 누리는 포용적 사회의 실현에 기여할 수 있을 것이다.

AI 기술 발전에 따른 과제

AI 기반 청각 보조 기술은 기술적 진보를 통해 청각장애인의 삶의 질을 현저히 개선할 수 있는 잠재력을 지니고 있지만, 그 발전 과정에서 여러 가지 과제를 마주하고 있다. 우선 윤리적이고 공정한 기술 적용이라는 근본적 문제가 존재한다(김선희, 2025). AI 시스템은 데이터에 의존해 작동하는 특성상 데이터 편향성으로 인한 차별적 결과를 초래할 가능성이 있다. 예컨대 특정 연령층, 지역, 문화적 배경의 데이터가 부족하면, AI 시스템이 일부 사용자들에게 불리하게 작용할 수 있다. 따라서 기술 개발 초기부터 광범위하고 다양한 데이터 수집과 함께 공정성 검증을 거쳐 모든 사용자가 공평하게 혜택을 받을 수 있도록 보장하는 것이 필수적이다.

개인정보 보호 문제도 중요한 과제다. 청각 보조 장치는 사용자의 음성, 위치, 건강 상태 등 민감한 데이터를 지속적으로 수집하는데, 이 데이터가 유출되거나 악용될 경우 심각한 프라이버시 침해를 초래할 수 있다. 따라서 사용자의 동의를 명확히 확보하고, 데이터 수집과 사용 과정에서 완전한 투명성을 유지하는 것이 필요하며, 특히 데이터 익명화와 같은 기술적 보안 수단을 통해 개인정보 보호를 철저히 해야 한다.

경제적 접근성 역시 핵심적인 과제로 남아 있다. 고급 AI 기술이 탑재된 청각 보조 장치는 대부분 높은 비용이 들어, 일반 사용자가 구매하거나 유지하기 어려운 경우가 많다. 이러한 경제적 장벽은 기술의 혜택을 일부 계층에만 한정하는 결과를 초래할 수 있다. 이를 해결하기 위해 정부와 민간 기업이 협력해 경제적 지원 프로그램을 운영하거나, 보다 저렴한 가격의 대체 솔루션을 개발해 광범위한 사용자의 접근성을 보장해야 한다. 특히 정부는 보조금 지급, 세금 혜택, 사회적 기업 육성 등 다양한 방식의 지원 정책을 마련해 AI 기반 보조 기술의 보급을 촉진해야 한다.

기술 발전과 법적 규제 사이의 균형을 유지하는 것도 중요한 과제다. AI 기술의 발전 속도가 법적 대응을 앞서는 경우가 많아, 규제의 공백이 발생하고 있다. 이는 데이터 보안, 윤리적 문제 등의 해결을 어렵게 만들고, 사용자 보호 측면에서 위험 요소를 증가시킬 수 있다. 반면 과도한 규제는 혁신적인 기술 개발을 방해하거나 지연시킬 위험이 있다. 따라서 정책 결정자와 기술 개발자, 그리고 사용자 그룹이 지속적으로 소통하며 균형 잡힌 규제 체계를 구축해 기술 발전을 촉진하면서도 사회적 안전망을 구축할 수 있도록 노력해야 한다.

기술의 보편적 적용을 위해서는 사용자 친화적인 인터페이스와 디자인 개발도 필수적이다. 특히 노령층이나 아동과 같이 디지털 기기 활용에 익숙하지 않은 사용자들도 쉽게 접근하고 활용할 수 있는 직관적인 시스템 설계가 필요하다. 사용자가 쉽게 이해할 수 있는 안내 시스템, 간편한 사용자 인터페이스(UI), 그리고 다양한 연령층의 요구를 반영한 유연한 디자인을 통해 모든 사용자가 AI 기술의 혜택을 누릴 수 있도록 해야 한다(윤여경 · 김성훈, 2015).

청각장애인의 사회적 포용을 진정으로 이루기 위해서는 기술적 혁신과 함께 사회적 인식의 변화와 통합적 접근이 필요하다(김선희, 2024). 기술 발전만으로는 장애인이 직면하는 모든 문제를 해결할 수 없으며, 비장애인의 인식 개선과 사회 전체의 포용적 문화 확산이 병행되어야 한다. 기업과 공공기관이 주도적으로 장애 포용적인 조직 문화를 만들고, 학교와 지역사회에서는 청각장애에 대한 이해와 인식을 높이는 교육 프로그램을 적극적으로 시행해 기술적 접근성과 사회적 접근성이 함께 향상될 수 있는 환경을 조성해야 한다(박희정, 2025).

아울러 국제적인 협력과 기술 표준화가 반드시 이루어져야 한다. 현재 다양한 국가와 기업들이 각기 다른 기술 표준을 사용해 청각 보조 기술을 개발하고 있는데, 이는 국가 간 또는 기기 간 호환성 문제를 일으켜 사용자의 불편함을 가중시키고 있다. 국제적 표준화 기구와의 협력을 통해 청각 보조 기술에 대한 글로벌 표준을 마련하면 사용자의 편의성을 높이고 기술 확산을 촉진할 수 있을 것이다.

AI 기반 청각 보조 기술은 그 잠재력을 충분히 발휘하기 위해 기술적 혁신과 더불어 윤리적 책임성, 경제적 접근성 확보, 균형 잡힌 정책 수립, 사회적 인식 변화 및 글로벌 협력 등의 과제를 해결해야 한다. 이러한 통합적 접근을 통해 AI 기술이 모든 청각장애인에게 실질적인 삶의 질 향상과 진정한 사회적 포용의 기회를 제공할 수 있을 것이다. AI는 소리를 대신하는 기술이지만, 우리가 진정 들어야 할 것은 청각장애인이 건네는 삶의 언어일 것이다. 그 언어에 귀 기울이는 사회야말로 기술과 인간이 함께 공존하는 사회다.

참고문헌

구성민 외(2018). 청각장애인을 위한 오픈 소스 하드웨어 기반의 수화통역 장갑 & 상황 인지 보조 IoT 장치. ≪정보과학회 컴퓨팅의 실제 논문지, 24(4), pp.204-209.

김명미 · 김영근(2025). 청각장애인을 위한 VR 기반 운동 감각향상과 재활운동 프로그램: 체계적 융합 방안과 효과 분석. ≪한국전자통신학회 논문지≫, 20(1), pp.283-290.

김선희(2024). 청각장애를 가진 청년의 사회적 거리감. ≪한국장애인복지학≫, 65(65), pp.205-235.

김선희(2025). 청각장애인이 참여하는 융합연구에서 장애포용적 연구윤리 고려사항. ≪한국사회복지교육≫, 69, pp.31-60.

박희정(2025). BIGKinds 분석을 활용한 국내 언론보도의 청각장애 관련 기사 변화 분석. ≪인문사회과학연구≫, 7(1), pp.811-822.

윤여경 · 김성훈(2015). 청각·언어장애인을 위한 의사소통 모바일 앱(App) UX/UI 디자인 연구. ≪한국디자인문화학회지≫, 21(2), pp.429-439.

이경희

호서대학교 혁신융합학부 교수. 제주대학교에서 컴퓨터교육 전공으로 교육학 박사학위를 받았다. 주요 연구 분야는 AI · SW 교육, 교수 · 학습 방법, 교사 재교육이다. 한국컴퓨터교육학회 상임이사 및 교사연수위원회 위원장을 맡고 있다. 교육부와 한국교육학술정보원(KERIS) 등의 자문 활동을 통해 AI 교육 정책 및 교사 연수 프로그램 개발에 기여하고 있으며, 특히 장애 학생을 위한 맞춤형 AI 교육 콘텐츠 개발에도 힘쓰고 있다. 저서로 『인공지능과 심리학』(2022), 『인공지능 융합 ESG』(2023), 『인공지능과 공존의 윤리학』(2024) 등이 있다. 장애 학생부터 초, 중, 고등학생, 대학생에 이르기까지 다양한 대상에 대한 AI · SW 교육과 로봇 교육, 교수 · 학습 방법, 교과목 및 교육과정 개발 관련 다수의 논문을 KCI, SCOPUS 등 국내외 학술지에 게재했다. 모든 학습자를 위한 포용적 AI 교육 실현을 목표로 현장 중심의 실천적 연구를 지속하고 있다.